JN141911

「うんこ」が無理なく出る介護

その介護は人を大切にしていますか?

浅野 洋藏 著

監修：礒田 次雄（礒田内科医院元院長）

法研

はじめに

『介護』という言葉を聞いたとき、人はどのようなことを想像するでしょうか。まず思い浮かぶのは「悲惨な状況」ではないかと思います。こんな思いから生まれる気持ちは、「できることなら介護には関わりたくない」との思いでしょう。いろいろな情報から大変さが伝えられ、生き地獄のような様子がマスメディアを通じて目に耳に入ります。このような状況からは、自分の将来について、介護に関われば、体力的に疲れ果て、際限なく費用がかさみ、自分の人生が犠牲になってしまうとの思いが生じるのではないでしょうか。

しかし、私が接したところでは、介護現場のすべてが悲惨だとは思えません。実際の介護の状況はどのようなものか、あまり知られていないという事実もあると思います。

例えば、重度障害者同士のご夫婦の、在宅での老老介護の事例です。後でもう少し詳しく紹介しますが、誰もが在宅介護はとても無理と思われた事例で、家で過ごしたいとの耳の聞こえない奥様（94歳）の気持ちを思いやり、目の不自由なご主人（87歳）が自宅で世話をされています。大変なこともありましたが、ご主人の頑張りや周りの人の支えがあって、何とか介護を続けられ、3年ほど経過したころには、ご夫婦とも幸せを感じられるまでになりました。当初は、介護保険での支援の他に、数人がボランティアとして関わっていましたが、6年が経過した現在は公的な支援だけで在宅介護を続けておられます。

また、私の母の在宅介護の事例では、母が認知症になり、長期にわたり寝たきりの生活を送りましたが、介護を経験した私自身は、「大変だったけれども充実した介護生活の期間を過ごすことができた」と感じ、在宅介護を続けたことを前向きにとらえることができていま す。何よりも、悔いが残っていないことが、ありがたいことだと思います。

このような、悲惨でない介護現場の様子は、身近な事例でも普通に出合います。これらの介護現場には、マスメディアからの情報だけでは知ることのできない、いろいろなことがあるように思います。私自身が感じたことは、何よりも「人を大切にする介護」が行われ、介護現場に温かみが存在していたことです。また、このような介護を可能にするのは、介護に対する考え方にも大きなヒントがあると考えています。

現在の在宅介護には悲惨な状況も確かに存在しています。この状況を良くしていくためには、大局的な観点からは、政策面での取り組みなどが必要だと思われます。しかし、これらの取り組みには時間がかかります。現状の不備を嘆いても、事態はすぐには良くならないと思います。現場で実際に介護に関わっている人は、いま困っていることに対する解決方法を知ることを切実に望んでいます。大局的な観点から介護の状況を改善することも大切ですが、同時にもっと身近な、現場で困っている問題を解決していくことでも、現状を良くしていくことができると思います。

　母の介護を通じて、私が経験した介護現場の様子は、これらのことがうまく実践できていたように思います。ひとつの事例を取り上げると、介護で最も大変だと思われ、実際の現場でも大きな負担が付きまとう「排便介助」が、介護をされる人にとって負担の少ない方法で行われ、しかも家族介護者に対しても負担がかからない状況ができていました。

　大変だと思われている在宅介護で、『うんこ』の心配をすることや『うんこ』の世話を、ほとんどしなくてもよいということになれば、介護に対するイメージは、かなり改善されるのではないでしょうか。

　本書では、身近な問題点を解決することで、介護現場の状況をより良いものにするという考え方について、具体的なイメージを持っていただくために、母の介護現場で実際に行われていた様子を紹介しようと思います。具体事例の紹介では、はじめに在宅介護で介護者が大きな負担を感じている「排便介助」について紹介します。在宅で介護を続ける家族にとっては、一番気になることであるのに、医療的にはそれほど対応の方法があるわけではありません。主として下剤や浣腸による方法が用いられますが、これらの処置はどちらかというと「詰まれば出せばいい」といった感覚の処置であり、介護を受ける人と共に介護をする人にとっても負担の大きな方法であり、あまり人を大切に考えたものではないと思います。

もちろん、排便以外の方法についても、在宅介護を継続するうえで困難が伴うであろういくつかの介護方法について紹介します。私の乏しい経験からではありますが、実際に行われていたことであり、それなりに感じるところを紹介し、こんな介護現場もあったこと、決して悲惨なことばかりではないことをお伝えしたいと思います。個々の介護の現場には、大変な状況や悲惨な状態があることも事実です。うまくいっている場合でも悲惨な状況と紙一重の場面もあります。簡単に「人を大切にする介護」と言われても、そんなことを考える余裕もないのが実状だと思います。しかしそこには取り組むべきこともあり、救いもあると感じています。

この書物に書かれている情報が、介護の現場で活かされ、少しでも現状を良くするヒントになり、介護に対する考え方が前向きになることで、介護を受ける人も介護をする人も、少しでも素敵な生活が送れるようになってほしいと願っています。

本書の記述については、在宅介護を経験した私個人の体験から来る意見や思いを述べていますので、思い入れが強い記述や、中には的確でない事項などあるかと思います。これらについては、皆様からご指摘をいただき、正していきたいと思います。

浅野洋藏

「うんこ」が無理なく出る介護
―その介護は人を大切にしていますか―

第2章 「うんこ」が無理なく出る介護の事例 69

第3章
食事・排尿とおむつ外し・保清・肺炎予防・床ずれ予防の介護事例 97

第5章 在宅介護を経験して

第1章 在宅介護で大変なことはなに？

あまりにも大きな介護の負担

在宅介護の負担を減らし状況をより良くするために、はじめにどのような負担があるのかを知る必要があります。私が母の介護で経験した事例や他の介護現場と関わる中で得られた情報から、どのような負担があるのかについて考えてみます。

1　一変するこれまでの生活

家族の誰かが介護を受ける状況になったときに生活環境が大きく変わります。それまでは、ひとりひとりが家族の一員として、自分のことはもちろん家族全体の中でそれなりの役割をはたすことで、生活は維持されていました。ところが、介護を必要とする人ができると、その人の役割を他の人が肩代わりし、しかも介護をするという負担が家族全体に降りかかります。大勢の家族ならそれを全員で分かち合い、ひとりあたりにかかる負担はそれほど大きくはならないでしょう。しかし、夫婦だけなど少人数の場合には、介護をする人への負担は大きくのしかかります。

また、以前の生活では、それなりに生活のリズムが確立しており、大変なことでも毎日慣れたことであれば、大きな負担はそれほど感じません。しかし、介護というこれまでになかったことを加えての生活では、そのリズムが確立し、ある程度落ちついた生活ができるようになるまで、かなりの努力が必要です。この期間には、毎日の生活に追われ、何も考えることもできないまま日々の暮らしに忙殺され、精神的にまいってしまうことも起こりえます。

さらに、大きな負担を抱えて介護を進めて行くうえで、場合によっては、これまで別々に生活をしていた家族が時間の都合をつけて集まり、それぞれの負担を分かち合い助け合うことも必然的に生じます。このときに、身内や知り合いであっても、一緒に生活をしていなかったメンバーが加わることで、新しい生活のリズムや人間関係を作り上げることも必要になります。この状況は想像以上に大変な作業になります。それぞれが別の所帯を持っていて、環境の異なったところで生活をしている状況があります。介護に関する思いや考え方・介護を受ける人への思い入れもそれぞれに異なります。それぞれの思いも受け止め、全体としていい形を作り上げることは結構大変だと思います。

2　予期しないことが次から次へ

介護が始まって介護そのものに慣れることや、生活のリズムを作り上げることだけでも大変なのですが、はじめのころは介護を受ける人の体調に異変が起こった場合、初めて経験することばかりで、その対応に右往左往します。

介護生活の期間がある程度長くなると、以前に同じような症状を経験していることが参考になり、対応がスムーズに行えるようになりますが、それでも初めての状況に出くわすと本当に戸惑います。特に医療的なことは、わからないことが多く、どのように対応すればいいのか本当に困惑します。

また、認知症を患った私の母の場合には、想像もつかないことが次々に起こり、毎日毎日その対応に追われ、身体や頭を休めることもできず、途方に暮れることも多くありました。このような時期が長く続くと、「何で私だけがこんな目にあわなければならないのか」との気持ちにもなりがちです。おそらく、介護の初期段階において訪れる最初の危機であろうかと思います。このときに相談相手や介護者を見守ってくれる人がおらず、ひとりで頑張っていると、むなしい気持ちになり精神的にまいってしまいます。

この状況を、子どもが生まれた場合と比較してみます。

子どもが生まれたときにも、生活環境の変化が生まれます。特に初めての子どもの場合は、やはり混乱の状態に出くわすだろうと思います。しかし、子どもの世話についてはときどき大変な状況が紹介されますが、それほど悲惨だとのイメージは生まれていません。

この違いはどこにあるのかと考えると、まず介護を受ける人の体重差があります。介護をする人にとって、体力的な疲れには大きな違いが生じます。次に、成長していく赤ちゃんと弱っていく高齢者という違いがあります。同じひとりの人間であることに変わりはないのですが、今後に希望を持てる立場とそうでない立場との違いは、精神的に大きなものだと思います。さらに、世話に対する経験に大きな差があると思います。子育てについては経験者が身近におられる場合が多く、知恵を得やすい状況があります。しかし、高齢者の場合は、世話をする人にとって経験したことがない世界のことなので理解しにくい状況であり、豊富な経験を持たれている人から知恵を得やすいという状況でもありません。これらのことが、高齢者の世話を難しいものにしていると思われます。

3　尋常でない介護のボリューム

介護をするようになると、どのくらいのことをしなければならないのか、私が母の世話をした事例について少し考えてみたいと思います。

介護が必要になる以前には、母も私も、それぞれ自分の生活をしていて、私は母とは離れた土地で生活していました。この状況で介護が必要になると、母ができなくなってきたことを、私を含めた家族介護者がフォローすることになります。それぞれの介護者には、これらのフォローが今までの生活に加わります。フォローすることは、母の介護に関するものと、これまでの母の生活に関することがあります。

介護に関する項目は、母ができなくなってきたことへの介助・体調の確認・通院の付添い・介護情報の収集・リハビリの実施・環境の改善・役所への資料提出などです。一方、これまでの母の生活をフォローすることはなかなか難しいことで、母がどのような生活を送っていたのか大よその把握はしていたものの、具体的なことはよくわかっていません。これらは介護することを通じ、発生した事柄に対応することで個々に把握していくことになります。いずれにしても、自分の生活だけでも結構忙しいというのが普通なのに、今までになかったやるべきことが加わります。

介護が始まるときの状況は人それぞれですが、介護を受ける人の症状で、徐々に介護が必要になって行く場合と、急な体調の変化で突然介護が必要になる場合が考えられます。母の場合は、徐々に認知症状が進んでいったこともあり、対応もそれに応じて徐々に進めていけたところがありましたが、急な状況変化の場合は、介護をする人の対応はより大変なことになると思われます。

介護が長引き、医療的な作業が必要になってくると、介護のボリュームはさらに増します。24時間付き添う状況になれば、自分の生活時間の中で介護に費やす時間をどのようにやりくりするのか、切羽（せっぱ）詰まった状況になります。

私の場合は、仕事は自宅での業務であり、何とか都合をつけやすい状況でしたが、会社勤務の場合には別の対応が早くから必要になったかもしれません。私が仕事もしながら母の介護を行っていたころに、それぞれについてどれくらいの時間を費やしていたのか、集計をしたことがありました。もちろん時々の状況でばらつきもあり、どこまでの介護をするのかによっても異なると思いますが、ひとつの事例として紹介します。この文面は、看護大学での講演時に、学生さんからの質問に対して行った返答です。

私の仕事は、自宅での設計です。介護が始まったころは、自宅の枚方（ひらかた）から母の家である京都へ電車で通っていました。

２０００年ごろに、生活時間をまとめたことがあり、ひとつの例（２０００年7月の集計）ですが1ヵ月の仕事時間が約１８６時間、介護に関する時間が約２３３時間（これには通勤時間26時間と良い介護を求めて考え実践する時間（集計なし）も含まれているため、必要最低限の介護時間はこの値よりかなり少なくなると思います）で合計４１９時間でした。

介護に入る前は、仕事で約２５０時間程度でしたので、今から思えばずいぶん無茶なことだったと思っています。この時期は姉弟を含め5名でやりくりをしており、私も週に3～4日仕事につくことができていました。また仕事の取引先の絶大な支援もあり、こんな状況でも何とか仕事を継続することができていました。しかし、２００1年春、介護を始めて11年目から家族介護者が離脱するようになり、私の仕事時間が確保できなくなりました。仕事先にも迷惑をかけたくないとの思いもあり、夏ごろからは介護に専念しました。

4　発生する費用・介護者の仕事との兼ね合い

介護を行うようになると、これまでに必要でなかった費用が発生します。介護者にとっては、仕事に関わる時間が減少し、収入が減少する事態も発生します。具体的にどのようなものか、紹介したいと思います。

介護が始まると、現在では介護保険の利用を考えることが一般的だと思いますが、利用をためらう方もおられます。この場合は、介護用品や自宅の改造などで実費が必要となります。介護保険を利用した場合には、利用額の１割負担（２０１８年8月より所得によって２～３割）が必要になりますが、介護が必要な程度により利用額には限度があります。これを超えて利用する場合や、介護保険の適用外のものを利用するときにはもちろん実費がかかります。

在宅介護にとって、介護で発生する費用より、家族介護者の負担の大きさが問題であると思われます。私の場合の一例として、他府県から通うために交通費が発生しました。具体的には、週に2～3回、緊急事態などでふたりが出かける必要が生じることもあり、１回当たりの運賃は少額であっても、年間にすると15万から20万円にもなります。これが遠方で飛行機や新幹線を利用するなどの場合はもっと負担が大きくなります。寝たきりになってからは、肺炎の予防などのために室内の温度や湿度の管理も重要になり、光熱費なども多くなりました。冬場の電気代だけでも軽く2万円を超すレベルでした。

また、これまで仕事に費やしていた時間の一部を介護にあてる必要が生じ、その分の収入が減少します。これらに対して支援策はなく、介護者には大きな負担となります。介護者の生活が成り立たなくなれば、当然在宅介護そのものも成り立たなくなります。今までに必要がなかった費用が発生し、収入が減少することは、表立った数字には出て来ませんが、在宅介護を続けるうえで、大変大きなことであると思います。

5　付きまとう不安やストレス

はじめに気になることは、わからないことに出くわしたときや状況が変化したときの対応です。介護を受ける人の容態が急変したときには、症状のことがよくわかっていないこともあり、病院へ連れて行くのがいいのか、連れて行く場合にはどこの病院がいいのか判断に迷います。特に、ひとりで介護を行っているときには、対応を間違って容態がよくないほうへ向かってしまうのではないかと気になります。もちろん、介護者にとって、自分の健康が損なわれるのではないか、そのとき介護を受けている人のことをどのようにすればいいのか、預かってもらえるところはあるのかと気になります。

介護に長くかかわるようになると、いつまで続くことになるのかがわからないことも大きな不安の要因です。介護者にとっては、自分の仕事との兼ね合いがあり、うまくやりくりしていけるのか、仕事を続けて行けるのかが問題になり、介護をする人の家族の生活が成り立っていくのか、それとも破たんするのではないかとの思いもあります。

さらに、介護者にとって、精神的なストレスが大きな問題となります。介護をしている人の状況は、なかなか他人にはわかってもらえないことが多く、精神的に孤立してしまう状況になりがちです。負荷が多く、自分に余裕がもてない状況では冷静な判断をすることが難しくなり、人が変わったような排他的な言動やおかしな判断・対応をしてしまいます。

6　現場を理解しないアドバイス

介護を続ける中では、多くの人からいろいろなアドバイスを受けます。それぞれ、何かの役に立ててもらえばという気持ちから出るものばかりだと思います。しかし、現場の状況をよく理解していないと、かえって介護者に負担をかけてしまいます。

例えば、介護の専門家が介護に加わるようになり、詳しい説明もなく、それまで行ってきた方法を「この方法に変えましょう」と変更されたとします。それまでの方法は専門家から見れば教科書的に60％の方法であり、薦められる方法は１００％で、現状より優れているかもしれません。しかし、このときの家族介護者の気持ちはどんなものでしょう。長い介護生活を通じて作り上げてきたものが、否定されたような空しい気持ちになります。また、教科書的に100％の方法であっても、在宅でのいろいろな条件を考えれば、60％に思える方法のほうが優れているかもしれません。

食事介助で、素人の私の介助方法を参考にされた、介護の専門家もおられました。また、母の入浴方法では、訪問看護師が現状の方法を見学され、すでに準備されていた方法（現在の訪問入浴タイプの入浴方法）ではなく、それまで在宅で継続して行われていたビニール浴（110ページ参照）を採用されました。一方、床ずれの処置については、それまで使用していた治療薬とは異なったものの紹介を受けました。私に新しい治療薬についての効果を示す画像入りの資料を示して説明され、主治医にも直接説明をされ了解を得て、新しい治療薬を使用することになりました。

アドバイスをするときに気をつけるべきことは、これまで家族が行ってきた方法や介護を取りまく状況についてよく理解すること、そんなに大きな差がないのであれば、できるだけ家族が行ってきた方法を尊重すること、変更する場合は、家族と話し合い、納得を得たうえで実施することです。特に、プロの方からのアドバイスについては、家族の立場としては、意見を言いにくいものです。母の事例では、それぞれの人が家族の気持ちを汲み取りながら、必要なことはきっちり指導をするという形で、家族が納得して受け入れる形を作っていただいていました。

7　介護をする意味に対する葛藤

介護の忙しさに忙殺され流されているときや介護の期間が長くなってきたときに、何でこんなことをしているのだろう、毎日このような介護を行うことには意味があるのだろうかとの思いがよぎることもあります。このような思いは、介護に限らず人間が生きて行くうえで、何をしているときも起こりうることだと思います。人の思いとしては、誰かの役に立つこと、何かを良くすること、理屈にかなったことをしていることには、やりがいも感じ、そのことをする意味合いも理解しやすいところがあると思います。しかし、介護を行うということは、何かに役立つことをしているのか、自分を納得させにくい面があると思います。

私が介護をすることの意味を考えたのは、かなり後になってからだったと思います。それほど深く考えたこともなかったように思いますが、「重介護の母が在宅で介護を受けていることで、その情報が他の介護現場で活かせるかもしれない」、なんとなく何かの役に立つのではと意識することで、意味があると自分に言い聞かせていたのだと思います。介護をする意味については、教科書的な答えがないのかもしれません。それぞれの人がその人の状況で考える意味が、正解なのだと思います。

介護生活を続ける意味を見出せない場合には、大きなストレスを抱え、精神的に耐えられなくなる状況も生まれます。在宅介護の実情は周りからは見えにくく、何となく気配を感じていても入って行きにくいものなので、大変な事態が起きる要因になるものだと思います。

大変なのに自分だけでがんばってしまう

1　私が看てあげるのが一番

在宅での介護が始まるころは、共に生活をしている家族や親しい人たちが世話をすることになるのが通常かと思います。介護を受けることが必要になったら、自分をよく知った人に世話を受けることを望むのが自然だし、世話をする人もごく当たり前のことだと受け止めて介護を始めることになると思います。このような成り行きは、世話を受ける人・世話をする人にとっても、いい状況だと思います。このとき、世話をする人は「私が世話をするのが一番良い」、世話を受ける人のことを「私が一番よく知っている」と思い、一生懸命にお世話をします。このことは、自然なことで素敵なことだと思います。

もちろん、世話をすることを避けたいと思う気持ちも起きるでしょう。逃れられない状況で仕方なく介護を始める人もいるでしょう。理由はどうであれ、自宅で身内の介護をしようと思う人は、どこかに気持ちの優しさを持っている人であると思います。弱っていく知り合いをほうっておけないという思いは持ち合わせておられると思います。それぞれの良心や常識的な心を持ち合わせておられると思います。

その人をよく知った人が介護をすることは、いいことだと思います。しかし、介護の負担が大きくなりすぎると状況は変わります。「こうしてあげたい」「あんなこともしてあげたい」と思っても、気持ちばかりが先走り体力や気持ちがついてこないと、結果的にいい介護ができない状況となり、悲劇の原因となることにもなります。このことは、介護をしている人の思い入れが強く、周りの人からもアドバイスをしにくいことで、対応が遅れがちになってしまいます。

2　他人に世話を任せることに対する罪悪感

介護が必要になったとき、介護をする人というのは親子であったり配偶者であったりなど、世間的には誰がみるのかという問題があります。これらの人が自然な流れで、介護をしていくことになるのですが、いろいろな事情で介護を続けることが難しくなったときに、誰かの協力を受けることが必要になります。しかし、「この人の世話は私がするべきもの」と思う気持ちがあり、世間的にもそのように思われているという気持ちが生じ、自分がやるべきこと（と思っていること）を、他の人にやってもらうことには大きな抵抗が生じます。ちょっと無理でも、これくらいなら何とかできると頑張ってしまいます。

介護保険を通して、社会サービスを受ける（他人の世話を受ける）ことが広く一般的になっています。それでも日本人のＤＮＡかも知れませんが、後ろめたさを感じるところがあります。

私の周りの事例を紹介します。初めに私の妻の場合です。母の介護を主体的に行っていたときに、疲れやストレスが溜まった関係か、首の回りが痛くなり、回すことも動かすことも激痛を伴い、寝ていても起きていても身の置き所がないような症状になりました。医師からは、これ以上の負担をかけないように指導を受けました。

このことがあって、私が主体的に介護に関わるようになったのですが、家事経験のない私には、妻の代役はできません。そこで、ホームヘルパーの派遣をお願いすることで何とかやりくりができて介護を継続することができました。その後医師から無理をしない範囲でとの了解のもと、妻も母の介護に復帰をするのですが、ホームヘルパーも継続して派遣をお願いしていました。そのときの妻の言葉には考えさせられました。「ちょっと無理をしたら私ができるのに、私の目の前でお義母さんの世話を他人にしてもらうのはつらい」。

もうひとつの事例は、重度の障害者夫婦の老老介護の場合です。不自由な状況で生活をしていくだけでも大変なのに、介護をすることが加わり負担が大きい状況です。体力面や精神面のリフレッシュのために、介護者がときどき介護から離れる時間を作ることが必要だと思われます。

このためには、デイサービスやショートステイを利用することが一般的に考えられます。ご主人が一時的に入院をされたときに、奥様がショートステイを利用されたことがありますが、そのとき以外はデイサービスとショートステイを利用されたことがありません。理由は、奥様ができるだけ家で過ごしたいと思われていて、それらの利用を拒否されていることと、ご主人がその思いを大切にしたいと思っておられることです。1回だけの利用時には、奥様も状況について理解をされたのですが、その後は利用をされません。その理由が気になっていたのですが、長くかかわってみて奥様の拒否だけでなく、ご主人が一時的にでも自分の体を休めるためとか気晴らしをするとかの理由で介護をしないことに対し、後ろめたさを感じておられるのではないかと思うようになりました。ご主人は、福祉施設や施策の状況もよく知っておられ相談に乗られることもあります。だから、他人のことなら、そのような判断をされないと思われるのですが、自分のことになると、奥さんのことを大切に思われ、判断は異なってきます。

周りの者からは、アドバイスはしても無理強いすることもできない問題なので、本人の判断を尊重し、その経過を見守ることしかできません。

3　他人に迷惑をかけたくない

日本人の気持ちの中に、「他人に迷惑をかけてはいけない」との思いがあります。子どものころから親にそういわれて育った経験をお持ちの方が多いと思います。少し無理と思えることでも自分でできることはもちろん自分でしますが、かなり大変なことでも他の人の力を借りようとはしません。根底には、そのことを美徳だと思う国民性があるのだと思います。「他人に迷惑をかけてはいけない」との思いは、そんなに良くないこととは思えません。しかし、自分の身体や精神に異常をきたすほどのストレスがかかっていても、他に応援を求めないというのは、悲劇を生む要因になります。

このような事例では、自分で客観的な状況を判断できない場合が多く、周りの誰かが冷静に見守ることが重要になります。そして、大変な状況が予想される事態になったとき、周りの人が良かれと思ってアドバイスをすることになりますが、素直に受け入れてもらえない場合もあります。

過去に老夫婦がホームヘルパーの支援を拒否し、危機的な状態になってやっと支援を受けることが決まった状況で、夫婦が餓死しているのが見つかった事件がありました。後日、この夫婦には多額の資産があったと知ったときに、私はちょっとショックを受けました。周りから見れば、いつ破たんしてもおかしくない状況でも、当事者は受け入れようとしません。対応は、事例それぞれに異なった事情があり、大変難しいことだと思いますが、とにかく忍耐強く見守り、理解をしてもらえるような働きかけ以外に方法はないのかもしれません。

4　社会サービス利用への抵抗

内閣府の平成28年度版高齢社会白書の中に「近所の人と病気のときに助け合う高齢者の割合は日本では少ない」ことが紹介されています。家族や親せき・近隣者などの協力を得ることが難しい場合の対応に、ホームヘルパーの派遣など社会サービスの利用が考えられます。介護保険料を納付しているので、必要な状況なら利用することが当然だと思えるのですが、利用をためらう方も多くおられます。

大きな理由はこれまで述べてきたように、他人の手を煩わせない、他人に迷惑をかけないとの思いであろうかと思います。さらに、他人が家に入ることへの煩わしさへの思いもあるでしょう。この他には、社会サービスを受けることで、トラブルをこうむるのではないかとの懸念もあろうかと思います。金銭的な事件・いじめや暴力など、日々のニュースでいろいろなトラブルが話題になっています。社会サービスを受けている様子を毎日確認するのは難しいことで、介護を受ける人が重い要介護度を認定されていて、自己表現や判断などが難しい状況だと、何が起きているのかがわかりにくいところがあります。

実際に社会サービスを受けてみて、サービス提供者との関係性が重要だと感じることがあります。まず初めに相性の問題があります。相性が合う・合わないは何ともしがたいところですが、その現場がうまくいくのか行かないのかというほどの差が出ます。考え方や価値観が異なる人とは話も弾まず、気心を許した信頼関係も築けません。

また、サービス提供者の質の問題もあります。来てもらったホームヘルパーさんが、こちらが思うようなレベルのサービスを提供してくれない場合や、サービスを受けたことで利用者や家族介護者の負担やストレスが大きくなる場合があります。これでは何のために来てもらっているのかがわからなくなります。利用を断りたいが、後のことを考えそのまま辛抱するという状態が続きます。この不満は、介護者同士で情報として広がり、社会サービスの利用を躊躇（ちゅうちょ）する原因にもなります。

5　孤立することの重大さ

この章で述べてきたことを振り返り、「被介護者や介護者が孤立する」ということの重大さを考えてみたいと思います。

世の中にあふれている介護での悲惨なトラブルは、「孤立」していることが大きな要因になっていることが読み取れます。介護者は、毎日膨大な作業に追われ、何も考えられない状況のまま時を過ごし、身近なところに介護の現場を気にかけてくれる人や相談をする人がおられないことも多くあります。また極限状態では、気にかけてくれる人がいるのに、その人のアドバイスを素直に受け入れられないほど余裕のない精神状況で日々を過ごします。自分の気持ちだけで頑張ってしまい、身体も心もボロボロになり疲れ果ててしまっているのに、まだ頑張れるとの思いが勝（まさ）り、客観的な目で自分自身を見つめられず、的確な状況判断ができない人も多くおられます。熱心な介護者ほど、このような状況に陥りやすいものです。こんな状況からは、悲惨なことが起こることは、ある程度予想されることだとも思えます。

「介護自殺」「介護殺人」「バーンアウト（燃え尽き症候群）」「孤独死」など、介護に関する悲惨な状況の多くは「孤独」から生まれます。長く在宅介護に関わった私には、「介護自殺」「介護殺人」は良くないことであることはわかってはいても、どこかで「気持ちはわかる」という思いもあります。周りに良い関わりを持つ誰かがいなかったのだろうかと思います。それに比べて、母の介護で多くの人に見守られながら在宅介護を継続できたことのありがたさをかみしめます。

一生懸命に介護に関わった人が、燃え尽きてしまわれる事例も多く見て来ました。きっと真面目すぎて自分の体力や精神的な状況が把握しきれなかったのか、把握はしていてもうまく対応ができなかったのだと思います。残念なことですが、これも現実です。

「孤独死」も悲惨なことの代表的なものとしてテレビなどで取り上げられますが、本当に悲惨なのは孤独死そのものよりも、そこに至るまでの孤独な生活ではないかと思います。誰も気にかけてくれる人もおらず、何のために生きるのかもわからず、自力で生きて行ける力もない人が寂しくしている状況が目に浮かびます。この状況こそが「悲惨」そのものなのでしょう。

在宅介護では、このような状況を生み出さないようにすることが、大きなトラブルを生み出さず、「人を大切にする」ということにつながるのではないかと思います。

家族介護者への支援ができていない

１　家族介護者は医師・看護師・ホームヘルパー・その他すべてを担当

在宅介護で最も大きな役割をしているのは、家族介護者であろうと思います。社会サービスを受けることができるのは限られた時間で、日々の生活のほとんどの時間は家族介護者が関わります。介護の初期は、同居をしていなくても、必要時にときどき関わる程度で生活が成り立つ事例もあります。この時期は、特別なことがない限り、在宅での医療的なケアは必要なく、異変があったときだけ病院へ行くことになります。したがって、他人の手を借りずほとんど家族だけでの介護が行われます。やがて、世話をする内容が多くなり、家族の手だけでは介護を続けることが難しくなります。

医療的なケアも必要になってくると、医師による往診や介護保険での訪問看護師の派遣が必要になってきます。しかし、これらの活動は限られた時間での関わりとなるため、具体的には、医師・看護師にしかできないことを行うことと、日々の医療的ケアを行う家族への指導を行うことになります。医療的なことは基本的にホームヘルパーには実施できないことになっており、医師・看護師の訪問時以外の時間については、家族介護者が全面的に担当することになります。

日々の医療的な様子は家族介護者が把握し、医療関係者に報告します。この内容が、安定した日々を過ごすうえで大変重要なものとなります。日常生活での細かい情報を正確に伝えることで、医療関係者による診断をより的確なものにします。さらに、医療的なケアについては、医師や看護師の指導やアドバイスを受け、正しい作業を行う必要があります。作業の結果は被介護者の健康に直接影響を与えるものなので、大変重要です。したがって、家族介護者は医師や看護師の補完機能を果たす重要な役目を担っているといえます。

また、家事一般についても、ホームヘルパーの派遣を受けることでいろいろな部分をフォローしてもらうことができますが、短時間の派遣時間内で契約された作業以外のことについては、家族介護者が担当します。食事や排せつ・入浴などの清潔保持についても同じように多くの作業を家族介護者が担当します。被介護者の要介護度が増すにつれ、介助すべき作業内容や作業時間が増加し、負担が多くなります。

介護保険でも要介護度に応じて、支援内容も増加しますが、それだけでは十分な対応ができない場合もあり、家族介護者への負担は大きくなります。私の経験からも、寝たきりになってからは介護の負担がかなり増加しました。

2　家族介護者の生活時間・経済面・家庭事情

介護を行う人とその家族についても考えてみたいと思います。介護を行う人には、大きな負担が加わることについてはすでに述べた通りです。そのことで、介護者の家族に対しても、大きな負担がかかることになります。介護者が介護を行うことでそれに応じた時間を費やします。それまでの生活時間が制約されることになり、時間のやりくりをして介護を継続することになります。「自分の生活時間が制約される」ことについて、その程度が大きくなると「自分の生活を犠牲にして」との思いも生まれます。

もちろん、経済的な面での負担も発生し、家族の生活を圧迫することも生じます。これらのことが原因で、子どもに関わることがおろそかになり、その不満が子どもの考えをゆがめてしまうこともあります。いろいろなことに影響が出て、介護をする人の家族が崩壊するような事態も発生します。家族の者には、それぞれの思いや考えがあります。例えば、自分の親の介護をする場合と、連れ合いの親を介護する場合では、それぞれの思いも異なってくるのが普通です。介護をするということに対して思いが共有されていないと、難しい状況が生まれます。介護を行うことで、自分だけでなく、家族まで大変な状況になります。介護をすることについて、家族が理解し納得していることが、いい介護につながることになると思います。

3　介護者への支援内容

介護者への支援はどのようなものだったか、私が母の介護を行った時の事例について考えてみます。時期的には1991年~2005年のことでした。参考に介護保険が始まったのは2000年でした。

母は要介護5の高齢者・重度の障害者として認定を受け、独居老人との立場だったので、多くの支援を受けました。福祉事務所の窓口で高齢者と障害者への支援内容を紹介する冊子を受け取り、申請できるものについては全て対応をしました。

介護保険については、介護を受ける人のことについて支援策が検討されていますが、家族介護者に対してはそれほど支援策が充実しているとは思えません。金銭面の支援については、市独自に実施する介護者激励金という制度もありますが、家族介護者の生活の支援をするレベルのものではありません。外国では家族介護者に現金支給で生活の支援をするところもありますが、日本では支援金額も少なくほとんど家族介護者が自己負担をしている状況です。

高齢者介護に要する費用を考える場合、在宅介護では表立って数字に現れる費用は少ないと考えられているのではないかと思いますが、家族介護者が負担している労力やその他の多くの要素を考慮に入れると、少し異なったデータが出てくるのではないかと思います。

その他の支援では、企業の介護休暇制度などが考えられますが、当時個人的に仕事をしていた私には縁のないことでした。また企業に勤めている人にとっても、まだまだ利用しにくい状況があると思われ、広い範囲での普及にまでは至っていないと思います。

母の介護を通じて感じたことは、家族介護者が在宅介護を継続するうえで最も大きな力になったものは、間違いなく心ある人の気持ちのこもった対応であると思います、状況を理解し親身に気にかけていただける人に出会うと、心が休まり気持ちが暖かくなります。安定した精神状態で介護を続けるための大きな勇気を与えてくれます。私の場合は母の在宅介護に関わっていただいた多くの関係者が、安定した在宅介護が続けられるよう母だけではなく家族介護者にも大きなフォローをしていただきました。

私が在宅介護を経験して感じた思いは、家族介護者への支援が不十分だとの思いです。経済・精神の両面から支援を充実していくことが、在宅介護をより良いものにする鍵だと思います。

4　ケアプランへの提言

在宅介護を良いものにするには、介護を受ける人だけでなく介護をする人にも目を配り様々な支援を行うことが大切だと思います。具体的には、介護保険を受ける際に、ケアマネジャーと被介護者や家族がケアプランを検討します。その際、被介護者だけでなく介護をする人達のことも考慮できるシステムになっていることが必要ではないかと思います。

母の場合には、介護保険初期にケアマネジャーでもあった訪問看護師が、母の在宅介護活動での訪問看護活動の目標のひとつに「在宅介護が継続できること」という項目を設定され、結果的に家族介護者への配慮も行われていました。このことで、私自身は、介護に関することの他にも自分の健康のことやその他の悩みなども相談し、本当に力になっていただきました。

良い介護がされていない

1　現状の介護方法のルーツ

在宅介護の現場を見ていると、現在一般的に実施されているケアの方法と、利用者が望んでいるケアとの間に少し差があると感じています。特に、医療関係者によるケアについてその思いを強く感じます。医療サービスを提供する人は、病院などでの勤務経験がある看護師が担当される場合が多いと思います。

病院での看護活動は急性期の患者に的確な処置を素早く施すことで、命を守ることに力が注がれます。その後、経過が順調であれば、退院までの日々は経過観察やリハビリその他の必要処置がほどこされ、退院していくことになります。後半の時期には自宅に帰って生活が可能になるような支援に重点が移行していきますが、それでも、患者への対応は、「処置をする」という観点で行われているように思います。

一方、在宅介護の現場では、緊急時以外では生活の支援をすることが目的であり、医師や看護師もこれに沿った活動が望まれます。現状の多くの在宅介護現場では訪問看護師により医療行為が提供されていますが、病院に勤務し多くの症例に対する処置を経験した方が担当される場合が多いと思います。その流れから、在宅での医療についても、病棟で行っていた処置的な方法がそのまま持ち込まれることが多くあります。

在宅介護の現場では、本来、医療的な知識や技量だけでなく、毎日の生活を考慮した対応が必要となります。にもかかわらず、在宅での訪問看護活動を行うに当たっては、やはり処置的な対応が医療・看護活動のルーツになっています。もちろん、急を要する場合などは、そのような処置が必要なのですが、毎日の穏やかな介護生活の中でのケアを望んでいる人には、このような対応は適しているとは思えません。

在宅介護における訪問看護師の役割は、「医療的な処置」よりも「医療的な生活ケア」ともいうべきものであると思います。論理的・合理的な対応より、人を人として大切にする介護が望まれていると思います。これらについては、排便介助などの項目で後述します。

また、生活支援の主役はホームヘルパーです。主として、豊富な主婦経験をされた方が、その経験を活かして活躍されています。介護の中での生活支援分野は、その範囲があまりにも広く、系統だって整理された分野ではありません。看護大学があるのに比べて介護大学は聞いたことがありません。したがって、サービス提供者のこれまでの経験や考えが活動のルーツになります。生活を支援する介護を行うに当たって、ある程度の指標的なものはあると思いますが、統一されたものはなく、その場その場、その人その人の裁量に任されているのが現状だと思います。もちろん、素晴らしいホームヘルパーさんは多くおられます。困窮していた在宅介護の場に訪問してくださるだけで、本当に助けられます。

その一方で、そうでない方もおられるのも事実です。これらについてはあまりに膨大な活動内容をすべて規格化するなどということはできないと思いますが、大まかな方向性について議論することは必要ではないかと思います。

2　提供される介護の質

母の在宅介護では介護保険を利用して、訪問看護師やホームヘルパーの訪問活動を受けました。提供されるケアの内容は、事前に作成されたケアプランにのっとり、本人や家族介護者と相談しながら提供されます。しかし、訪問活動を受けてみて、違和感を覚えることがあります。いくつかの事例を紹介します。

●プラン通りのケアができない事例

一般的には尿パッドは体の中心に左右対称にあてがうのですが、母の場合は大きく角度をつけて起こした側臥位（そくがい）姿勢にするので、尿や便が出たときのことを考えて出たものが流れる方向に沿って、角度をひねってあてがっていました。この作業は、私が数回実演してホームヘルパーさんに覚えていただくようにしていましたが、理解してもらえないのか、この作業だけがうまくできません。優秀な方なので、なぜだろうとは思うのですが、結果的に、この作業は私が担当していました。

他の事例ですが、頼んだ買い物をいくつか忘れてしまわれる方がおられるとお聞きしました。

●ケアをしてもらった後に、フォローをしなければならないことが増加するなどで、家族介護者が困る事例

食事用の介護エプロンをかけて食事介助を受けていたのですが、いつも首とエプロンの隙間から液体状の食べ物が流れ落ちていて、中の衣類が濡れて汚れています。このときは、後で家族が身体の拭き取りや衣類の取り換え・洗濯などを行いました。

別の事例ですが、目の不自由な人が在宅介護をされている現場へ派遣されたホームヘルパーさんが、当日使用した食器類や備品などを、元の位置とは異なった位置に置いて帰られることもありました。このときは、目が不自由な家族介護者は、どこに置かれているのかがわからず、本当に困ったと話されていました。

●プラン通りのケアを時間内に提供することだけに一生懸命な事例

訪問看護活動で感じたことですが、看護師の方の中には決められたケアをいかに素早く終えるかということに一生懸命な方もおられます。そのこと自体はいいことだと思うのですが、

そのような雰囲気がそこにいる人の気持ちも変えてしまいます。救急病棟ではないのですから、高齢者にはゆっくりした雰囲気が合うと思うのですが、周りの雰囲気まで気が及ばないようです。このような雰囲気では、家族介護者にとっては何か相談したいことがあっても取りやめてしまいます。相談する気にもならないからです。

●被介護者のことが人として見えていない事例

母の体調が良くないときに、いつもと同じような介助をされる方もおられました。体位変換やタッピングなど体に負担のある介護では、もう少し体調を考えながらの丁寧な対応が必要だと、周りで気になっていました。

後に紹介しますが、むせているときに食べ物を無理に入れるような介助をされている事例もありました。嚥下（えんげ）がうまくできない状況では慎重な対応が必要なのに、これでは肺炎のリスクが高まると思いながら見ていました。

●何となく相性が合わない事例

このような人には来てほしくない、このようなケアなら自分がやった方がましだと介護者が思うような人の場合には、誰かと変わってほしいと思うのですが、今後のことを考えてそのような思いを抑え込んでしまいます。また小規模な事業所からの派遣の場合は、望みどおりの人を希望することは難しい場合もあります。

3 投薬の功罪

医学的な対応に、投薬があります。症状を改善するために処方されるのですが、気を付けなければならない点が幾つかあります。私が感じたところでは、まず服用する量のことです。具体的には、服薬管理（指示された薬を指示通りに内服させること・どれくらいの量が内服できたのか、できないときにはその理由を把握すること）が大切です。この過程を正しく把握し、診察時に医師に伝え、処方に活かされなければならないのですが、このステップがうまく機能していない場合が多く見られます。例えば、処方された量が正しく服用されているのかを知ることだけでも、結構困難が伴います。飲み忘れもあるでしょうし、飲んだことを忘れて重複して服用する場合や、薬を取り違えて服用するといったことがあります。薬の種類の多さや服用時間の種類の多さ（食前・食後・食間・就寝前・○○時間ごと・痛むときなど）などで、正しく服用することができなかった場合は、その理由や原因を医師に伝えることが重要です。

処方時はすべてを服用していることを前提に判断される場合が多いので、服用を忘れていて50％程度しか服用していない場合に、薬の効果が表れていないと判断され、さらに服用の量が増加されるか、もっと効果の強い薬に変更されることになります。このようないろいろな要因から、副作用の発生が考えられます。

また、薬はある症状の改善を目指して処方されますが、その部分に効果がある場合でも、他の部分に良くない影響を与えることがあります。抗けいれん剤を服用することで、歩行能力も低下することがあります。これらについても、体調や投薬のすべてを知った上での総合的な判断が必要なのですが、ある部分は改善したが他の部分が良くない影響を受けて、生活の質が低下したなどということも起こってしまいます。

薬によっては、短時間に効果が大きいものや長く服用して効果が出てくるもの、漢方薬のように副作用が比較的少なく体調全体を整える性質のものもあります。いずれにしても、薬の使用には、患者の体調を慎重に見極め、的確な薬を的確なタイミングで服用することが大切で、そのためには患者側から服用の正確な状況を医療関係者に伝えることが大変重要だと思います。

4　ある食事介助の事例

在宅介護を経験する中で、おやっと思った事例もあります。食事の介助事例を紹介します。

私以外の家族が母の介護を担当していた曜日に、たまたま私が入ることになり、ふだん顔を合わせないヘルパーさんが食事介助をされている様子を見る機会がありました。そのときの様子は、車いすに座った母が顔を上に向け、口から食事を入れてもらっています。ときどきむせています。外観からは無理やり口に入れているという様子に感じました。そんなふうに介助が行われて、準備された食事を口に入れ込んだ状態でしたが、ホームヘルパーさんは介助が完了したと判断されたようで、食器の片づけを始められました。

母の様子を見てみると、片方の頬がぷっくり膨れています。おかしいなあと思い母の口の中を確認してみると、筋になった食物繊維が塊になって溜まっていました。これでは、次の食事が入ってきてもスムーズに食べて飲みこむことなどできなくて、それでも何とか食べないといけないとの思いからか飲み込もうとしますが、当然むせます。

その結果、だんだん口の開き具合が小さくなり、ときには口を結んで抵抗をします。ますます、食事介助が難しくなります。口の中に入れる（押し込む）ことが食事介助ではありません。介助される人が気持ち良く口を開けて食事を中に入れ、しっかり飲み込み、胃まで無事に届けられることまでが食事介助だと思います。

私も、当初はここで紹介したヘルパーさんと同じようなことをしていましたので無理もないことですが、人を大切にする介護について考えさせられた出来事でした。

5　胃ろうでの事例

母が胃ろうで栄養の補給を受けていた時期に入院したときの事例を紹介します。病室へ到着すると、母が胃ろうで栄養を補給してもらっています。到着した時間は、いつもでしたら胃ろうでの栄養補給が終わっている時間なのですが、何かの都合で投与が遅れたものと思われます。

姿勢を見てすぐにおかしいことに気が付きました。母は頭部を上方に上げ、左側臥位（仰向け状態から左へ30度ほど身体を回転させた姿勢）で栄養補給を受けていたのです。胃ろうは胃に穴をあけ直接栄養を補給するのですが、胃の出口が本人の右下にあるので身体を右※に回転させる姿勢で入れなければなりません。

逆にすると栄養を入れる穴の位置が、栄養が出て行く幽門の位置より低くなり、入れるべき栄養剤が外へ流れ出します。気がついてすぐに確認しましたが、栄養の補給口から漏れた栄養剤で衣類や寝具などがべったり濡れていました。

※このケースはボタン式器具での胃ろうが始まった時期の事例で、現在では注入時に胃に入った栄養剤の逆流防止を目的に、ベッドを起こす角度なども配慮し、左側臥位での注入が一般的になっています

なぜこんなことが起こったのかを確認すると、その時間は本来、栄養補給が終了しており、栄養補給時の右側臥位から、体位変換（床ずれ対策に一定時間ごとに身体の向きを変えること）を行い、左側臥位の姿勢を保つ時間帯だったのです。

全体の状況を把握できず、定められたマニュアルどおりに作業を行われたのですが、前作業の時間が遅れたことにより発生したトラブルです。全体の作業内容を把握できていなかったことで、変化が起きたときに的確な判断や行動ができなかった事例で、患者の生命にかかわるものではなかったから大事には至らなかったのですが、大きな事故につながる恐れもあり、徹底した作業の質の向上が望まれます。

6　効率的・合理的という価値基準

在宅介護を経験する中で感じたことがあります。私自身は介護を行う前は、介護からは縁遠い機械系の設計業務を行っていました。それらの業務を遂行するにあたっては、効率的とか合理的といったことを判断の基準にしていたところがありました。正しいことをすることはもちろんですが、できるだけ決められたことを決められたとおりに行うこと、それをできるだけ早く行うこと、できるだけコストを抑えることなどに心を配っていたように思います。

このことは間違っているとは思いませんが、母の介護を経験する中で、大切なことの優先順を間違えるとか、どの範囲を見渡して判断するのかということを間違えると、おかしなことが起こりえるということに気がつきました。

先に紹介した事例で、準備された食事を予定された時間内に食べることが、プランとして設定されています。しかし、嚥下能力が低下して、なかなか食事が進まないことがあります。それでも何とか食べさせないと、との思いで介助を行ってしまう場合があります。このようなことが誤嚥を引き起こし肺炎の原因にもなります。

高齢になるとは、今までできていたことが少しずつできなくなってくるということです。すべてのことを正しくしようとしてもできなくなってきます。早く食べようと思ってもそれができなくなってきます。早くすることやすべてをきっちりとすると、介護の場では必ずしも正しいことだとは思えない場合があります。そんなに急がなくてもいいのではないか、マニュアルに縛られることはないのではないか、そんなにきっちりすると、かえって悪くするかもしれないと思うようになってきました。

このような状況でいちばん大切な視点は、症状だけでなく「人を見る」こと、そして「人を大切にする」ことだと思います。

延命治療について考えてみる

ここで、延命治療について考えてみたいと思います。ちょっと横着ないい方ですが、延命治療を実施するのかしないのかを選択するということは、ある意味で人の命を助けるのか助けないのかの判断をしなければならないことだと思います。例えば、徐々にあるいは突然に食事を口から食べることができなくなってくると、本人あるいは家族に延命治療につながる処置の判断を問われる時期が訪れます。このことは大変難しい問題で、精神的に大きな負担になります。判断を求められても、それぞれの場合にどのような経過をたどるのか、それがどれくらい大変なことなのか、ほとんどの家族介護者は理解していません。この章では、胃ろうについていくつかの事例を紹介することで、延命治療について考えるためのヒントを提供したいと思います。

1　母の場合

母の介護では、介護の初期段階で総合病院の主治医から、在宅介護を希望する私に「食べられなくなったらどうしますか。家で看ますか」と聞かれたことがありました。そのときは、食べられなくなるということが現実的に想像できず、食べられなくなったらどのような状況になるのかもわからず、ただ家で頑張りますと答えていました。１９９１年1月から介護が始まり、１９９６年5月に胃ろう造設の手術を受けました。

以前に母と延命治療のことについて話し合ったことはありませんでした。胃ろうに至った経緯は、母が口から食べることが難しくなり、栄養状態が衰えてきて、それを補うことが必要だと在宅の主治医から指導され、種々の取り組みを行いましたが結果として総合病院へ入院しました。総合病院の主治医から、栄養補給の方法としては、鼻注（鼻から胃へ通じるチューブを通して胃に栄養を届ける方法）・胃ろう（胃に穴をあけチューブを介して直接胃に栄養を入れる方法）・点滴（血液に栄養を注入する方法）があることを示されました。そのときまで、何とか口から食べてもらおうといろいろな工夫をして頑張ってきましたので、残念な思いはありましたが、嚥下の状態が良くなったら、いつでも元のように口から食べることができますとの話を聞き、胃ろうをお願いすることにしました。

このときには、何とか栄養を入れる方法をと思っていて、胃ろうが延命治療であるという認識はありませんでした。今になってそのときのことを思うと、延命治療とわかっていて胃ろうをするかどうかを判断しなければならなかったとしても、胃ろうを実施しないという選択肢は私にはなかったと思います。意識もあり、時間はかかっても口から少しずつ食べていましたので、そのまま食べて行けなくなっていく母に対し、何もせずに見ている（見殺しにする）ことはできなかったと思います。

胃ろうをした後のことですが、トラブルがあって入院したときに総合病院の主治医から次のようなことを言われました。「在宅での介護を選択されていますが、トラブルが起こるとここ（総合病院）に連れてこられます。それはそれでいいのですが、病院は命を救うことが使命ですから、どんな対応でもしようとします。しかし、そのことが良い終わり方にならないこともありますよ」と。そのときは、話の意味がわからず、体調に異変が起きても病院へ連れて行くことはいけないのか、との意味で受け取っていました。

時が過ぎ、いろいろな経験を積み、病院で亡くなる人の様子も知ることになりました。そこでは、長期にわたって気道を確保するために気管切開を施し、鼻からチューブを経て酸素を補給し、点滴の管や、胃ろうの管が身体に取り付いていることが多く、身体にいくつもの管が繋がれている状況です。あのとき、総合病院の主治医が話されていたことは、「何とか命を助けたいと病院へ連れてくる気持ちはわかるけれど、いろいろな管が繋がれ、苦しんだ状態で一生を終えることになる場合が多いですよ。その状態はいい終わり方ではないと思うので、しっかり考えてみてください」との意味だったのでしょう。

もう一つの判断ですが、晩年、母は貧血状態が続き「骨髄異形性症候群（こつずいいけいせいしょうこうぐん）」か「白血病（はっけつびょう）」であることを在宅の主治医から知らされました。「どちらであっても劇的に症状が改善することは望めず、どちらであるかを判断するための検査でも大きな負担が母にかかる」とのことでした。そのうえで、積極的に治療を受けるのか、在宅でこのまま様子を見るのかについて判断を求められたときには、つらい思いはありましたが納得してこのまま様子を見ると返答をしました。

現在、延命治療が、国家予算を圧迫する要因のひとつとして話題になっています。その中でも胃ろうはその代表的な項目として認識されています。経済的な観点から、人は自分で食べられなくなったら、援助をせず自然に任せるべきとの意見も聞かれるようになってきています。他の哺乳動物と同じように対応するのが自然だと発言される方もおられます。過去にも姥捨（うばす）ての風習がありました。しかし、母の介護で胃ろうを経験した私には、「延命治療をしないこと」を否定するわけではありませんが、積極的に賛同する気持ちにはなりません。このことについては、もう少し考える必要があります。

2　療養型病床群における事例

頭を打ち心肺停止状態になったあと、植物状態になられた患者が、救急病院の集中治療室や一般病棟での治療を経て、療養型病床群の、とある病院に入院されています。当初のご家族からの説明で、延命治療は行わないということでしたが、現在は、気管切開手術を施され胃ろうによる栄養補給を行い、植物状態で5年になろうとしています。他にも多くの患者が栄養補給のために胃ろう造設が行われています。客観的に見れば、命が助からないと思える多くの人に多くの労力と金銭が注がれています。世間的に無駄だと思われることが多く行われている状況です。多くの人が無駄だと感じるこのようなケアはなぜ継続されるのでしょうか。それは、判断を任された家族の思いに心を寄せてみないとわからないことだと思います。

延命治療は行わないと思っていた家族に、医師から状況が説明され、胃ろうを実施するのかしないのかの決断が求められます。このときには、起こっていることに動転していることもあり、胃ろうが延命治療だとの認識は持っていないと思います。胃ろうをすれば、長い期間植物状態で生き延びることも認識できていないと思います。そのとき、多くの人はとにかく命を繋（つな）いでほしいという気持ちが先行し、できる方法として胃ろうでの栄養補給を選択します。さらに、胃ろうが延命治療だと認識していたとしても、自分の判断が患者の生死を直接決定することになるので、判断には躊躇(ちゅうちょ)します。

3　延命治療を施さない選択は

いったん胃ろうの造設を行うと、その処置で命が繋がれている状況で時間が経過します。家族介護者は、何日もこの状況が続くことで、延命治療そのものを理解するようになっていきます。しかし、胃ろうにより安定しているこの状況で、延命治療すなわち胃ろうによる栄養補給を中止することは、とても難しい判断になります。「自分の判断で人の生死を左右する」という大変重い判断をしなければならないことでもあります。おそらく、身内のことに対して冷静に客観的にこの判断をできる人は、ほとんどおられないだろうと思います。このことが、多くの胃ろう患者を生み出し、延命治療状態を作り出しているのだと思います。したがって、胃ろうを中止するかしないかの判断は大変難しい面があるので、胃ろう造設を行うかどうか、初期の段階での対応について慎重に検討がなされることが現実的ではないかと思います。

これまでの事例から考えられることですが、胃ろうを実施するのかどうかを判断する際にいでしょうか。
「胃ろうは延命治療だから、実施しないでください」といえる条件はどのように考えればよいでしょうか。

はじめに、「自然の成り行きに任せ、自力で食べられなくなったらそれが寿命であるという考えに従って胃ろうをしない」という方法です。これは自然界の人間以外の生き物がたどる生命の終焉と同じです。

また、介護を受ける人が自分で延命治療を受けたくないことを書面にて明確にしておき、これが実施の有無の判断材料として尊重されるという場合です。この事例では、患者が判断できない状態になって、介護者が判断を迫られる立場になるとしたら、この書面通りに素直に決断できるのかという問題が発生します。

次に、胃ろうが延命治療であることを認識し、胃ろうを実施した後にどのような状況が起きるのかということを知った上で、その状態が本人やご家族が望むものなのかを熟考し、納得して胃ろうをしないという選択をする場合です。この際に重要なのは、胃ろうに関する客観的な情報を、医療関係者から正確に患者や家族に伝えることです。納得して判断がなされることが大切です。

4　私なりの考え

現状では延命治療について、真剣に考えておられるのは一部の人であって、本当の意味で認識が深まっているとは思えません。私には、国家財政への圧迫ということが現実味を帯びてきて、何とかしないといけないとの危機感から、近年になって取り上げられるようになってきたのだと感じられます。もうひとつの理由は、介護を取り巻く状況が厳しくなってきて、家族への負担も膨大になることが問題になってきたからだと思えます。確かに、今の状況を何とかしなくてはならないと思います。しかし、財政的な面だけからこの課題に取り組むことは、この国にとっていい解決方法にはつながらないと思います。

今のままで、何とかしようとすれば、制度的に、強制的に延命治療を制限するという方向に話が進んでいくだろうと思います。それでは、介護を受ける人や介護をする人にとって、いい結果になりえないと思います。

先に述べた事例から見えるのは、延命治療についての知識が、それを判断する人に本当の意味で理解されていないということです。判断を迫られたときに、とにかく生きていてほしいとの気持ちが先に立ち、そのことが後にどのような状況につながるのか知らないまま、決断が下されるということです。医療関係者は、情報を与えることはできても、判断をすることはできません。あくまで判断は家族にゆだねられます。したがって、延命治療についての情報を、介護を受ける人や介護をする人に十分に説明し、納得して判断できる状況を生み出すことが重要です。母の介護で、胃ろうに踏み切ったときは、医師からの説明も十分には理解できず、判断に必要な情報を得ていたとは思えません。思い返してみると、結果として判断は間違っていなかったと思いますが、異なった判断のもとで、異なった結果だったら悔いを残すことになっただろうと想像します。

それと比較して、最終段階の「骨髄異形性症候群」への対応については、医師から十分な情報を得て、家族介護者が納得した形で判断をして、結果として悔いが残らない状況で母の介護が終わりました。

結局、判断をする人が、判断したことを納得できるしくみを作り出すことが大事であると思います。この結果が、延命治療の減少につながるのではないかと思います。

悲惨でない介護現場の紹介

介護のイメージはとにかく悲惨ということを述べてきました。しかし、私の周りを見ても、そのような事例にはほとんど出合いません。いろいろな事例を見てみると、それぞれに悲惨と思える時期がある場合が多くあります。一歩間違えば、マスコミのニュースになるような事態になったかもしれない思いをした方もおられるでしょう。在宅介護を行うに当たって、そんなにスムーズに行く場合はほとんどありません。しかし、その時期を乗り越え、充実感を味わわれる人も多く見かけます。ここでは、ある意味介護者が幸せを感じることができた事例も含めて、私が身近に見て来た介護現場の様子を紹介したいと思います。

1　重度障害者夫婦の老老介護

折に触れて紹介してきた、現在も継続中の事例を紹介します。介護を受ける人は妻〈94歳・障害者手帳〈聴覚障害〉1級・ベッド生活〉・介護をする人は夫〈87歳・障害者手帳〈視覚障害〉1級〉で、2013年1月に倒れた妻を夫が自宅で世話をされています。介護者は、私の母が在宅介護時に訪問マッサージをしてくださった方です。

重度障害者夫婦の生活だけでも大変なことだと思われるのに、高齢になり在宅介護を行うというのは並大抵のことではありません。奥様が集中治療室から一般病棟へ移り、介護老人保健施設でのリハビリを経て退院するに当たり、自宅に帰りたいとの思いを持たれていました。主治医やケアマネジャーは、「とても無理なこと」との判断をされましたが、夫は妻の思いに応えようと在宅での介護を選択されました。このとき、介護保険の他に、夫の友人である訪問看護師経験者（母の介護時の訪問看護師）と私たち夫婦がボランティアとして関わることになりました。当初は毎週火曜日に訪問し、介護の体制を作り上げること・資料の記入や提出・外出による夫のストレス解消・ドアホンやテレビなど電化製品の選定や購入などの対応をしました。

当初は予想された通り大変な状況で、尿パッドを表裏逆にあてがったことで衣類や寝具が濡れてしまい、夫婦で泣いたこともあったと話されていました。夫の精神状態もパンク状態だったのか、理不尽な怒りを職員にぶちまけ、冷静な人間も負荷が大きすぎるとこんなことになるのだと再認識しました。奥様がショートステイやデイサービスを拒否されているので、そのことでも夫の精神的な負担は大変なものです。トラブルがあるたびに心配された主治医が介護職のメンバーに厳しく対応されるなど、いろいろなことが起こりました。本当にやって行けるかなあと誰もが思っていたのではないかと思います。それでも、マッサージの仕事も継続され、下（しも）の世話はもちろん、ほとんどの世話をひとりで行い、継続することで慣れることもあり、順調に介護を続けられるようになっています。妻も夫も多くの人に支えられて在宅介護を継続することができている状況を「今が一番幸せです」とおっしゃるまでになりました。

3年が過ぎるころから、ボランティアは、定期的には訪問せず必要があれば駆けつける状況で、基本的に介護保険の支援で成り立っています。そこには、スーパーヘルパーともいうべき人がおり、いざというときに力を貸したいと待ち構えている多くの友人・知人もおられます。妻の体調が安定して来ていることもあり、介護者の夫はときにはカラオケに行き、短時間の飲み会にも出かけるようになり、息抜きも取り入れながら生活を楽しむことができるようになってきました。

2　母の在宅介護

母は、1991年1月・72歳のときに認知症と診断され早くして歩行が困難になり、77歳で胃ろうの処置を受け、2005年3月・86歳で骨髄異形性症候群にて永眠しました。この間、14年3カ月の間、緊急時の入院以外は、母が住み慣れた自宅で在宅介護を行いました。介護者は当初家族5名でしたが、キーパーソンであった私の妻が体調不良になり一時期介護から離れましたが、これを機会に社会サービスのお世話を受けることになりました。

当初は介護だけでも大変なところに、認知症への対応にも苦慮し、幾度も危機を迎えました。しかし、在宅介護支援センター相談員・医師・訪問看護師・訪問マッサージ師・ホームヘルパーの他に看護学校（医療短大）の先生方も加わり、素晴らしい在宅介護のチームが生まれました。それぞれの人は、物事を損得で判断しない人・お金や時間だけで動かない人・人を人として大切に対応される人・難局には前向きに取り組まれ力を発揮される人であり、強力なチームワークのもと、素晴らしい介護現場となりました。

ここでは、今までになかった新しい発想の介護方法も実践され、医学雑誌にも紹介され[※]、他の在宅介護現場や医療機関で活用されるようになりました。また、多くの看護学生さんや福祉関係者の見学・実習の場となり、母の介護が、これからの高齢社会に役立つことを実感しました。

当初、家族介護者は5名でしたが最終的には2名となりました。しかし、多くの方のチームワークのおかげで母の世話を全うできたことを感謝しています。母の在宅介護で困難に出合ったときに、多くの人の協力を得て、チームとして同じ目標に向かって力を合わせる、そのことが私に力を与えてくれて、介護を充実したものにしてくれたのだと思います。

※『訪問看護と介護』２００２年９月号・２００３年８月〜２００４年１月号・２００５年12月号（医学書院）

3　その他の事例

母の家のご近所で、家族の協力を得ながら、お父さんとお母さんのふたりを在宅で世話をされている奥様がいらっしゃいました。介護者の身体がいうことをきかなくなって、お父さんを施設に預けることになり、結果的にそこの関係の病院で亡くなられたのですが、介護者に後悔の思いはなかったように見受けました。お父さんを預けるときには涙を流されていたのですが、施設で本当によくしてもらったとの思いも話され、置かれた状況で精一杯の介護を行い、親に対してできるだけのことをやり遂げた充実感のようなものを感じました。決して、悲惨な状況ではありませんでした。

認知症の母親への対応に困惑されている男性からの相談も受けました。息子さんは勤務も続けておられ、その奥様が主として介護にあたっているのですが、このままでは家庭崩壊になると悲壮な思いで話されていました。お話を聞き、私の経験を踏まえて覚悟が必要なこと、奥様をしっかり支えることなどを話しました。その後、数回時期を見て様子をお伺いしたのですが、何とかやっていますとの返事で、悲壮感は和らぎ安定した様子でした。

自営を営むご家族が、長男を中心に母を在宅で介護されていました。社会サービスを多くは利用しない状況で世話を続けられました。心臓の関係で、一度入院されたとき、心臓マッサージで回復されたことがありました。数年が経ち、同じように心臓発作が再発し、このときも入院されたのですが、前回とは異なり簡単には回復せず、半ばあきらめや後悔の思いが彼の気持ちにはあったようです。3回に及ぶ心臓マッサージを受け、奇跡的にこのときも回復され、自宅に戻って来られました。あとで、入院したことであのような事態になるとは思ってもみなかったので……と話され、以後は享年101歳で天寿（てんじゅ）を全うされるまで、自宅での介護を続けられました。大変だったけれども、この事例も痛ましい状況ではありませんでした。

他にも、身の回りにいろいろな在宅介護の現場を見て来ましたが、マスコミのニュースに取り上げられるような状況のものはひとつもありません。社会的に認識されている悲惨な状況は、正しい現状を反映しているのか、はなはだ疑問に思うところです。

4　共通すること

マスコミで紹介される悲観的な介護状況について、いつも思うことがあります。それは、介護をされる人と介護をする人が、社会とのつながりを持っていないことです。ときどき訪れる親戚や知り合いは、お客さんであり共に介護の状況を背負ってくれる仲間ではありません。見かけ上の協力者がおられる場合でも、心をゆるし共に悩み、苦しみを分かち合う存在ではない場合も見られます。

在宅介護の現場で本当に必要なのは、心から信頼できる理解者の存在です。テレビのニュースなどを見ていても、何でこのような事態になるのかと心が痛みます。理解者が近くにおりさえすれば、こんなことにはならなかっただろうに、と思うことがしばしばです。頑張ってきたのに、負荷が大きすぎることで自分が置かれている状況が冷静に判断できず、人間の心もおかしくなります。人の力を借りるということにまで頭が回らず、どんどん追いつめられてしまいます。その状況を冷静に見ていてくれる存在が必要なのだと思います。

それに比べて、周りに理解者がおられる場合には、大変な中でも何とかやりくりが可能で、悲惨な状況にまで行かないと思います。母の介護では、多くの方が母だけでなく家族介護者の状況にも心を配り、見守っていてくださいました。ちょっと恵まれ過ぎていたのですが、たとえひとりだけでも理解者の存在があれば、悲惨な状況にまでは至らないと思います。専門職の方たちに心を開いて相談し、情報を共有することも、理解者を得るひとつの方法だと思います。理解者の存在により、置かれている状況でより良い状況を見つけるための判断ができ、何とかやりくりができるようになるのだと思います。

第2章
「うんこ」が無理なく出る介護の事例

これまで、在宅介護を取り巻くいろいろなことを見て来ました。現状のまま推移すると、関わりたくないと思える在宅介護について、今よりも多くの人が関わらなければならない状況になることが懸念され、過酷で悲惨な状況になりやすいことが予想されます。

このような状況を踏まえ、どうせ関わることになるものなら、過酷な状況を少しでもやわらげ、負担の少ないものにできないか、今よりももっと前向きに捉えられるものにならないか、考える必要があります。私の個人的な考えですが、そのためには、介護の現状をしっかり見つめ直すこと、介護というものに対する考え方を見直してみること、そして人を人として大切にする介護を目指すことが重要であると考えています。

本章では、在宅介護で最も大変だと思われる排便介助を取り上げ、「人を大切にする具体的な介護方法」について、実際に私の母に対して行われていた方法により紹介します。

なぜ排便介助は大変なのか

1　そもそも便秘はなぜ起こるのか

便秘とは便の排せつが困難になっている状態です。在宅介護では、便秘対策が大きな課題です。対応を考えるにあたって、なぜ便秘が起きるのかを知ることが必要です。食べ物の摂取から排せつまでの経過をたどってみましょう。

口から摂取した食べ物は、口腔（こうくう）―食道―胃―小腸（十二指腸・空腸・回腸）―大腸（盲腸・虫垂（ちゅうすい）・上行結腸・横行結腸・下行結腸・S状結腸・直腸）―肛門（こうもん）を経て排出されます。消化機能に関するそれぞれの大まかな役割は、次の通りです。

口腔　食物を歯によって噛み砕き、だ液と混合して呑み込める状態にして食道へ送る。

食道　蠕動（ぜんどう）運動により食物を胃へ送る。

胃　食道から送られてきた食物を、胃壁の運動と胃液による作用で粥状（かゆじょう）にする。

小腸　十二指腸を通って送られてきた粥状の食物を各種の消化酵素により、さらに消化し、腸管壁から水分と共に吸収する。糖質・タンパク質・脂質とほとんどのビタミンを吸収する。

大腸　小腸で消化吸収された残存物が送られてきて、さらに水分を吸収する。残存物（便）を腸管の蠕動（ぜんどう）運動により直腸に送っていく。直腸に到達した便は直腸内に溜まり、反射により便意を催す。

肛門　意図的な腹圧や肛門括約筋の働きによって便を排せつする。

この過程の中で、便秘は腸内で発生します。便秘を起こす主な要因は、便が進んでいかなくて腸内に留まることで、水分が吸収され、腸内に便が塊となって溜まることです。具体的要因は、水分不足・運動不足による蠕動運動の不足などです。もうひとつ、括約筋の能力が弱まり、肛門を開ける力が弱まることもあります。高齢になると、運動不足もあって筋力が衰え、蠕動運動も弱って便秘を起こしやすい状況になります。

2　在宅介護における一般的な医療的便秘対策

在宅介護における訪問看護活動での一般的な便秘対策は、浣腸・下剤投与・摘便（肛門から指を入れて便をかき出す）などです。母の場合も、医療面で通院外来を受けていたころは、浣腸薬を持ち帰っていました。訪問看護を受けるようになってからも、同じような対応が続いていました。浣腸の場合は、便が直腸に届いている場合は効果が見られますが、肛門から遠いところに塊となってとどまっている場合には、あまり効果は出ませんでした。下剤を投与することもありましたが、浣腸にしても下剤を使用しても、いつ便が出るのかについては予測が難しく、介護をする者にとっては、出た後のことを考えると、気が重い介護でした。それから、浣腸や下剤は、身体への負担が大きく、できれば介護を受ける人にとっても負担が少ない方法で何とか対応できないものかとの思いがありました。同時に介護をする者にとっても、負担の少ない介護方法があればとの思いを持っていました。

3　医療関係者の思いと在宅介護者の思い

排便に関して医療関係者が思っていることと、在宅介護者が思っていることには、根本的な違いがあると私は感じています。

あくまで、個人的な感覚ですが、排便に関して医療関係者は結構、無関心だと感じるところがあります。医療が積極的に関わることではなく、介護関係者が対処すべきものと理解されている節があります。尿が出なくなることに対しては緊急を要しますが、便が出ないことで命にかかわるような事態になりにくいこともその要因かと思います。

どちらかというと、「出なければ出せばいい」との感覚が共有されているように感じます。そのような感覚からか、便が出ないことに対して医療的に有効な方法は、多くはありません。浣腸をする、下剤を服用する、摘便を実施するなどですが、いずれも出せばいいという類（たぐい）の対処法だと思います。私が患者なら、そのような方法は施してほしくないと思う方法です。子どものころに経験したそれらの方法からは、辛かったこと・痛かったこと・しんどかったことが思い出されます。どう見ても、人を大切にする介護方法とは思えないところがあります。

在宅介護の現場では、介護者は便のことが気になります。老廃物が身体の中に留まることで体調面に良くない状況が生まれるのではないかと懸念し、介護生活を送るうえで、いつ便が出るのかわからない状況・衛生面や匂いなどの生活環境・後始末などの介護作業などの面で大きな負担を感じ、ストレスを抱えた生活を続けています。例えば、便秘に対して医療的に下剤を服用してもらった場合のことを考えてみると、いつ出るのかわからないし、出た場合にはそのことにホッとする気持ちもありますが、後の膨大な、汚いと感じる作業を考えると辛いものがあります。

一般的に、介護で負担を感じる一番の作業は、間違いなく排尿や排便の処理だと思います。特に、寝たきりになったときの排便介助は、病院では、対応時に看護師が数人集まり即座に対応することができますが、在宅介護では多くの場合ひとりでの作業になります。このようなことからも在宅介護における排せつ介助は、体力的にも精神的にも負担が大きいものだと思います。

4　大変な思いをした事例

母の介護では、排せつが安定しない時期は、いつ便が出るのかがわからないこともあり、どうしても紙おむつや尿パッドをしっかり体に巻き付けて、出た便が漏れないようにしていました。しかし、これではむれが発生します。そのために、皮膚がかぶれてまた対応すべき作業が増えてしまいます。母にとっても、いい方法ではありません。ある程度排便が安定したときでも、突発的に発生する排便は、介護者に対して大変な思いをさせます。もういやだと思うようなこともあります。ここにいくつかの事例を紹介します。

母が総合病院の外来で診察を受けていたときのことです。出かける前に排せつを済ませておくことができればいいのですが、そのようなときに限ってなかなか出ません。その日も、排せつができないまま病院に向かったのですが、診察待ちの間に匂いがしてきました。車いすを押して母をトイレに連れて行ったのですが、車いす用のトイレは女子トイレに設置されていました。戸惑っていると清掃担当のおばさんが入ってもいいと教えてくださり、中に入りました。

当時はトイレでの排せつ介助方法は我流で行っていましたので、スイスイとは行きません。母を担ぎあげて座らそうとするのですが、便が出ていることも気になり、どのような姿勢を保ちながら便座に座らそうか悪戦苦闘をしながら試行錯誤をしていました。見るに見かねた清掃のおばさんが、声をかけてくださったのですが、一度は遠慮したものの、二度目にはすがる思いでお願いをしました。衣類を脱がせ、おむつを外し、汚物を取り除き、身体を拭いてきれいにし、新しいおむつをつけて衣類を着せ直す。この作業を慣れないトイレで時間を気にしながら行ったときのことは、今も鮮明に記憶に残っています。

もうひとつの事例は、寝たきりとなった時期のことです。母は仙骨部（せんこつぶ）に床ずれがあり、治療のため薬を使用しガーゼを貼り付けていました。そのころの介護では、23時ごろ、母に関するその日の介護作業の最後に体位を変換します。この後、介護者である私は床に就き、翌朝6時頃に起床します。この最後の作業のときに、便が出ているときがあります。もう寝ようとしているときに、排便の世話をしなければならず、一度に疲れが出ます。

そのときの作業は、寝巻を開き汚物を取り除き、体をきれいに拭きます。その後、寝巻きの交換・シーツの交換を行い、床ずれ部の汚物を拭き取り、消毒およびガーゼ交換や尿管周りのガーゼ交換、パッドの交換などを行い、体位を左に向けて（左側臥位）寝かせます。これらの作業は、風邪をひかさないように注意を払いながら行います。

あとは、汚物処理・洗濯（洗濯機に入れる前に、汚物を丁寧に取り除きます）・洗濯物干しなどの作業をひとりで行います。このようなことをしていると、汚いし、臭いし、ものすごくむなしくなるときがあります。嫌になることもあります。こんなことが毎日ではなくとも、ときどきでも投げ出してしまいたいと思うのも無理のないことだと思えてきます。

5　家族が試みた排便方法いろいろ

母の介護で排便に関して行ったことを紹介したいと思います。介護の初期の段階では、便が3～4日出ないと、介護をするものとしては、気になってきます。当時は食事を工夫することで、何とか対応していました。

具体的には、サツマイモ・大豆・南瓜（かぼちゃ）などの食物繊維を多く含んだ食事によって、順調に排便が見られました。その後、整腸作用のあるアルカリイオン水を使用し、食物繊維がさらに多く含まれている食材を使用するようになりました。出ないときは、主として浣腸をしたり坐薬を使用していました。その他、下剤を使ったり摘便なども実施しました。

そのころから、このような医療的な処置は、母の身体への負担が大きく適切ではないのではないかと思うようになり、何とか自然の摂理に沿った無理のない排せつができないものかと思案するようになりました。水分をしっかり取り込むことや、食後の決まった時間にポータブルトイレに座らせることなどを実施しました。

さらにモロヘイヤスープやプルーンなども摂取するようにしました。投与する補助的な栄養剤も脂質が多めのものを採用し、どちらかというと便を軟らかくすることにも気を遣いました。

このような状況の中、主治医に、便が出てこない原因を問い合わせたところ、腸の中で便が進んでいかなくて、中で留まり塊になってしまうことや、肛門が開かなくて直腸で留まってしまうことだと教えていただきました。直腸にまで降りてきている場合には摘便をすれば出すことはできますが、ものすごい痛みを感じます。

そこで、中に指を入れずに外から揉み出すように押し出す方法を思いつきました。この方法でも痛みはあるのですが、摘便よりは痛みが少ないことを自分でも試してみました。この方法で、下剤や浣腸を使用しないで長い期間排便介助を順調に行うことができていました。しかし、お腹を押すことなどへの配慮が足りずに下腹部を強く押し込んでしまうこともあり、痔（じ）が悪化したことで、この方法を断念することになりました。

この時期、時を同じくして、下剤や浣腸に頼らない排便方法を模索しておられた訪問看護師から、画期的な排便方法を提案していただきました。この方法によって、母の排便介助では家族介護者の負担がほとんどなくなることになりました。

「うんこ」が無理なく出る介護（坐薬・温湿布・マッサージ排便法）

介護作業の中で、最も負担が大きいと思われる排便について、介護を受ける人にとっても介護を行う人にとっても、精神的・体力的な負担を大きく減少させるこの方法は、介護のマイナスイメージを払しょくし、在宅介護のみならず、介護そのものへの考え方を根本から変えるものだと思われます。ここでは、この方法について紹介します。

１　この方法の基本的な考え方

この方法が考案されたきっかけは、病棟勤務経験者であった看護師が、訪問看護師として在宅介護の現場に入り、その現実を目にされたことです。便秘症状の利用者に、当初は病棟で実施していた方法である下剤の投与や浣腸などを実施されていました。

在宅介護の様子がわかるようになり、訪問看護師が処置をして帰った後の状況に思いを馳せるようになり、いつ出るかわからない便の後処理のことに思いが至りました。医療的には、便秘になれば便を出すことに主眼が置かれ、病棟でのその後の処理は手慣れた複数の看護師がてきぱきと行います。しかし、在宅介護の現場では、ほとんどの場合ひとりの介護者が、排せつされた汚物の後処理や患者の清潔保持や着替え、衣類の洗濯などを行います。このことは先にも述べたように、本当に負担の大きなものですが、患者の生活を支えるうえで避けて通れない作業です。考案者は、「これでは訪問看護師としての役目を果たせていない」との思いを持つようになり、試行錯誤の上に考案されたものです。

この方法が目指すのは、排便介助を受ける人に対し、できるだけ負担の少ない方法であること、便秘の原因である「腸が動かない」「肛門が開かない」ことへの対応に着目し腸を動かすことにより便の移動を順調にすること、便が肛門を通りやすくすること、排便介助作業が約30分の訪問看護活動時間内にすべて完了することです。

これらを実現するために、具体的な方法として、胃や腸を刺激するポイント（圧点）を温め指圧すること、坐薬を用い便意を催す機能を刺激し、同時に肛門部分を通り抜けやすくすることを実践します。この方法の着眼点は、便の排せつに対して、人間の機能が弱った点を補うことにあります。

この方法による排便介助は、月・水・土曜日の10時半から11時の時間に行われていました。月・水曜日は訪問看護師とホームヘルパーにより介助が行われ、他のケアとの兼ね合いで、土曜日は家族介護者である私とホームヘルパーとで実施していました。このほかに、日々の排便介助とは別に、月・水・金曜日の夕刻（訪問看護師とは別の時間帯）に訪問されるマッサージ師（本来拘縮（こうしゅく）の予防に訪問を受けていた）には、排便が順調でない状況に対応するために、腸の動きを改善するなど必要な処置を臨時的にほどこしていただきました。

このような、介助を受けることで、家族が思い描いていた浣腸や下剤に頼らない、本人にとって負担の少ない方法で排便介助ができるようになり、しかもこの時間帯以外にはほとんど排便が見られない状況になり、家族介護者は大きな負担から解放されました。また、これが実現できたことで、紙おむつもいらなくなり、尿管周りからの尿漏れや予定外の排便に備えて小さな尿パッドだけを当てておくことで、おむつを外すことも実現できました。

2 具体的な方法

この方法は、母の事例だけでなく多くの介護現場で実践され、大きな成果をあげられるようになりました。実績を積まれたその内容を『坐薬・温湿布・マッサージ排便法』として訪問看護師がまとめられ、訪問看護師の集まりで紹介をされました。

その後、この介護の様子は、母の介護状況の見学をきっかけに関わりを持っていた鳥取大学医学部保健学科の谷垣靜子（たにがきしずこ）先生の手で、医学書院の看護雑誌『訪問看護と介護』（２００５

排便介助の具体的な方法

実際の現場での対応について、母の介護の様子を例に紹介します。

1 準備

介護手順

準備品

熱布清拭に使用するもの
タオル・バケツ・電子レンジ・レジ袋・発泡スチロール箱・ナイロン風呂敷・バスタオル・ドライヤー・タイマー

排便に使用するもの
レシカルボン(坐薬)・ポステリザン軟膏・スライディングボード・ポータブルトイレ・足置き台・懐中電灯・フラットおむつ・トイレットペーパー

陰部洗浄に使用するもの
洗面器・洗剤の空ボトル

熱布準備　下記**図A・図B**及びそれぞれの説明通り

図A　熱布(蒸しタオル)の作成

①バケツに人肌温度のお湯を入れる
②タオルを四つ折りにたたみ、おしぼりのように巻いたものをお湯に浸けて搾る
③電子レンジ(500W)で温める。温める時間の目安は…
夏:タオル1本当たり25秒
冬:タオル1本当たり35秒
春・秋:タオル1本当たり30秒

図A

図B　熱布(蒸しタオル)の保管

①蒸しタオルを数本レジ袋に入れる
②それを発泡スチロール箱に入れる。この状態で長時間冷めにくい

図B

2 マッサージ

①**聴診**　ケア前のバイタルサインチェック時、聴診器にて腸の動きを確認する

②**姿勢**　ベッド上でうつ伏せ姿勢にする（消化器官刺激の圧点が背中にあるため）

③**坐薬**　肛門からポステリザン軟膏を入れ、坐薬（レシカルボン）を挿入する。軟膏は坐薬や便の通りを滑らかにするために使用します。坐薬は融けて炭酸ガスが発生して泡立ち、便意を誘発するとともに便の移動を滑らかにします。

④**熱布清拭**　背中から腰にかけて熱布を重ねてあてる。ナイロン風呂敷でカバーし（**図C**）、寝巻をかけバスタオルをかける。この状態で10分間保温する。このとき、肛門部にトイレットペーパーを当てておく。トイレットペーパーを当てるのは、予定外排便への対応処置です。

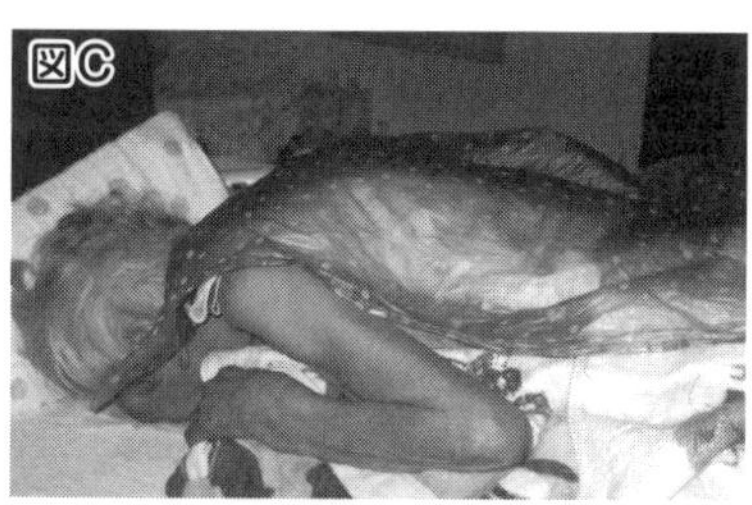
図C

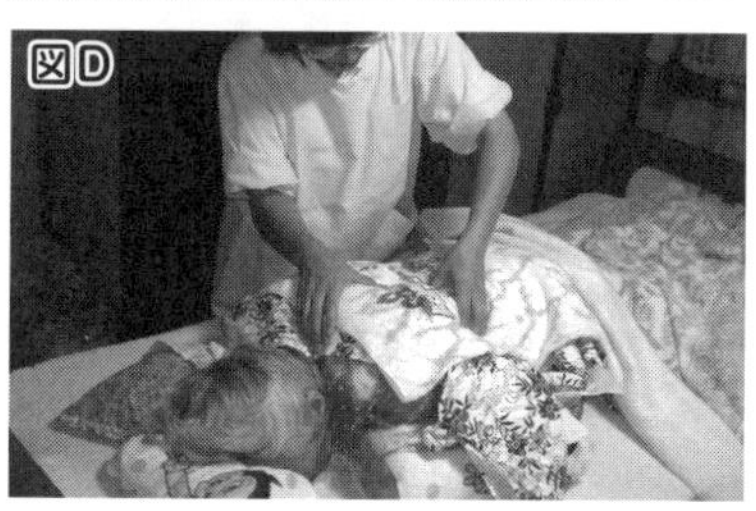
図D

⑤**指圧**　熱布清拭の10分間に、消化器官の活動を活発にする圧点を、約2秒間拇指で押さえ、これを繰り返す（**図D**）。圧点の位置はベルト位置の背骨の両サイド（**図E-1**）及びベルト位置の上方約10cmの背骨左側（**図E-2**）です。

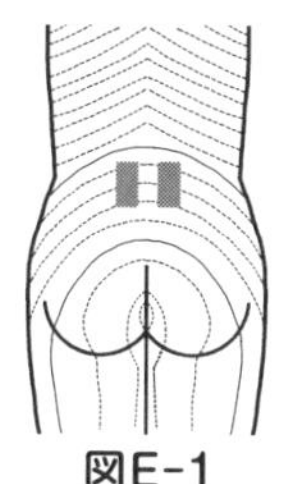
図E-1

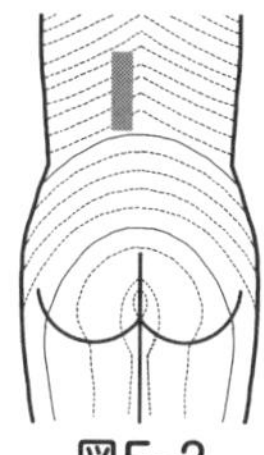
図E-2

3 排便介助

①**聴診** うつ伏せ状態での10分間の指圧後に、腸の動きの変化を確認する。

②**移動** ベッドからポータブルトイレへ移動させる。移動に先立ち、タオルを取り除き、ドライヤーで皮膚を乾かし、臀部にフラットおむつを当てる。姿勢を仰向けにしてスライディングボードを刺しこんでおく。

③**排便** 座位になることで腹圧がかかり、ほとんどの場合順調な排便が見られる。出にくい場合は上行結腸・横行結腸・下行結腸の順に、右回りのらせん状に軽くマッサージを行う。

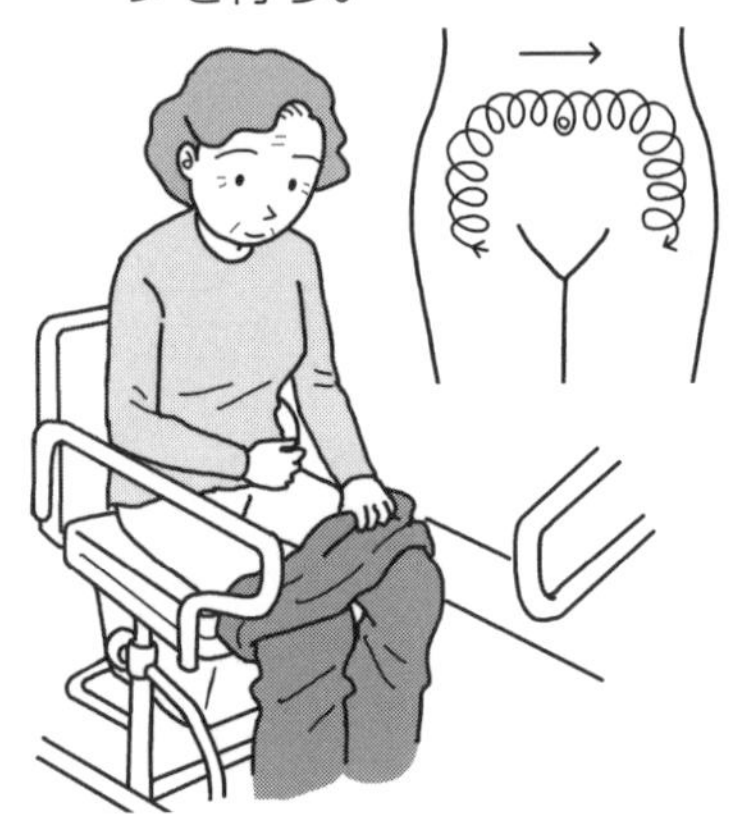

④**陰部洗浄** 人肌温度の湯を入れたボトル（洗剤用のボトルを利用）で陰部を洗う。

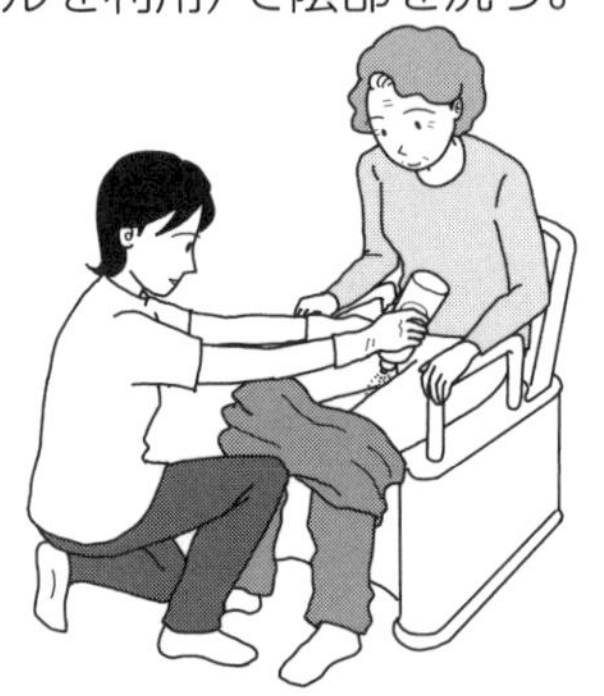

⑤**移動** ポータブルトイレからベッドへ移動し、寝巻や姿勢を整える。

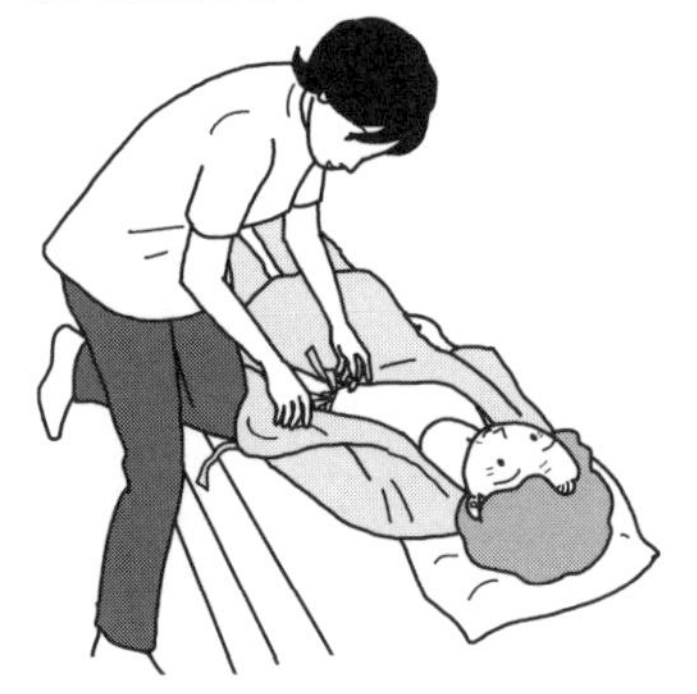

⑥**後始末** ポータブルトイレ内の汚物をトイレに流す。その他の汚物は広告紙に包んで汚物入れに捨てる。

年12月号）に掲載されました。ここでは、それらの具体的な方法について紹介します。

いろいろな実践事例

1　訪問看護活動での実施

母の介護に来ていただいていた訪問看護師は、看護知識や実践経験も豊富な方で、しかも人の気持ちを思いやる温かみが感じられる人でした。

患者に良いと思えることは何でも試してみて、駄目だったとしてもまた次の対応を考え、とにかく在宅介護の場がいいものになるように、関わる人がいい思いに至るように、心を配られる人でした。医師の指示を実施するだけでも大変な訪問看護活動のなかで、新しいことも試みることは現実問題として大変難しいと思われますが、家族の思いを受け止め、その思いに応えようとされている姿は、多くの介護現場で共感を呼び、家族介護者から絶大な信頼を得られていました。

もちろん、この排便方法も多くの介護現場で実施され、本当に家族の方々から喜ばれるようになっていました。介護を受けている人も介護をしている人にとっても、苦痛を与えず負担を劇的に少なくするこの方法は、在宅介護の現場では本当に嬉しいことだったと思います。

2 在宅ホスピスでの利用

この排便方法は、看護雑誌にも掲載され、他の介護現場でも利用されるようになりました。そのなかで、在宅ホスピスの現場で利用された事例を紹介します。

留学も経験されているある看護師さんが、在宅ホスピスに取り組まれているクリニックで勤務されていました。そこでは、がん患者のケアを行っておられましたが、投与する薬の関係でイレウス（腸閉塞）が発生し、この対応に多量の下剤を使用されていました。しかし、それでも対応しきれない場合には、総合病院へ搬送することになり、何とか患者に対して負担が少なくクリニック内部で対応できる排便方法がないものかと模索されていました。

当時、母の介護に関係する人たちで、『チーム３４３（みよさん）』というグループが情報発信をする活動を進めていて、定期的に勉強会を行っていました。排便をテーマにした勉強会に、この看護師さんが参加されました。この方は、私の母を担当されていた訪問看護師の娘さん（看護師）の知り合いで、この催しを知り参加されました。この方法の説明を受け、看護師やマッサージ師の実演を見た後、「多くの下剤を使用している患者さんに使ってみます。挑戦してみます」と話されていました。

その数カ月後、彼女から新しい排便方法に関する報告が送られてきました。内容は、ほとんどの事例で顕著な効果を出していて、在宅ホスピスの本来の役目を果たせるようになっている。また、患者からは、看護師に直接身体に触れてのケアを受けることで、「大事にされている」との実感を受けると好評であり、クリニックにとって大事な作業になっているとのことでした。

このような形で、新しい排便方法が活用されることは本当に嬉しいことです。

3　部分的な利用

『坐薬・温湿布・マッサージ排便法』は、介護者の負担を少なくすることを考慮し、決まった時間にすべての排便介助が完了するように坐薬や軟膏を使用します。しかし、坐薬を使用することは医療関係者と家族に限られているので、ホームヘルパーにはこの方法は利用できません。

在宅介護で寝たきり状況でなくとも排便介助は悩みの種です。何日も出ないと、気になり何とかしなければと気をもむ日々が続きます。決まった時間でなくとも、とにかく無理のない形で出てくれれば、排便に関する負担は大きく減少します。

『坐薬・温湿布・マッサージ排便法』は、寝たきり状態の患者に対して、訪問看護活動の決まった時間内にすべての排便処理が完了する方法として考案されましたが、この方法で用いられているそれぞれのケア項目は、個別に便秘対策として胃や腸の動きを活発にし、便意を催すことに効果があります。少し体力が衰えてきた人や、健常者に対しても、便秘の対策としては有効なものです。坐薬や軟膏を用いなければ、決まった時間に出すことは難しいですが、医療関係者でなくとも活用ができます。私が試行してみた状況について、次頁に紹介します。

このような結果を受けて、『坐薬・温湿布・マッサージ排便法』個々の介護要素は、それぞれに便秘対策として効果があり、便秘の程度によって使い分けることで、ほとんどの便秘に対して有用であると感じました。

坐薬・温湿布・マッサージ排便法の部分利用

①熱布による温湿布と圧点の指圧

1週間ほど便が出ないときに、就寝前に、温湿布の上から腰部と左背中部圧点を10分程度押す指圧法です。翌朝に通常の排便が見られ、その後も継続して排便が見られています。この試行は2回行いましたが、同じような結果が得られました。

②圧点の指圧のみ

午後の時間帯に約5分間行った腰部と左背中部圧点の指圧法です。2人に実施しましたが、どちらの場合も、翌朝に通常の排便が見られました。

③腰部の温めのみ

日常の生活時に使い捨てカイロを腰部に当てて活動をしていただきました。この場合も、翌朝に通常排便が見られました。この他に、便秘対策を目的としたものではなかったのですが、私の事例で、腰を冷やさないように腹巻に使い捨てカイロを入れて過ごしていた時期がありました。このとき、通常より少し柔らかめの便が順調に出ていました。

4　活用されなかった事例

『坐薬・温湿布・マッサージ排便法』が有用であることがわかり、看護雑誌にも紹介され、講演会が企画されました。講師は考案者である訪問看護師で、対象者は訪問看護師が主体の会でした。縁があって、母の看護に関わっておられたマッサージ師やホームヘルパーなどの関係者も参加され、私たち家族も参加を認めていただきました。

講演が終わり、質疑応答になりましたが、ある看護師さんが質問をされた内容に唖然(あぜん)とさせられました。質問というかそのときの発言は「(指圧をする) 10分間の時間が、することがなくもったいないので実施しないことにしました」とのことでした。何を聞かれていたのか、何を得ようと講演会に来られたのか、理解に苦しむ発言でした。

もちろん、この10分は、排便誘発のための温めと指圧の時間であり、素晴らしい排便を誘導するための重要な時間です。母の介護では、この作業は、排便介助に加えて、血液循環を良くするための蒸しタオル清拭・廃用症候群(はいようしょうこうぐん)※への対処であるうつぶせ寝の3つの介助を同時進行で効率よく実施してもらっていて、本当に中身の濃い介助をしていただき、効果も上げていました。

質問者は、医師からの指示書に示された項目を時間内に素早くすることだけが活動の目的だったと思います。利用者のことをあまり考えない看護師であると感じました。同じ訪問看護師であっても、これだけ質の差があるのだということを実感しました。

あとで知ったのですが、質問者はある訪問看護組織の主任さんということでした。おそらく、このような考えで活動されているグループも多くあるのではないかと思います。というより、質問者の意識レベルが現実の状況なのだろうなとも思いました。ルールのなかで、契約した内容の作業をこなすのに精いっぱいで、心の余裕もないのだろうと思います。実際の介護現場では、時間的にも余裕がなく、今まで大きな支障がなく実施できている方法を別の方法に変更することは、とても難しいことだと思います。この方法の考案者の思いが、そのまま伝わるほど簡単なものではないと思います。したがって、良いと思える方法が生まれても、現場で利用されるようになるためには、大変な努力と時間がかかると思いますが、何よりも社会サービス提供者の意識改革も大きなポイントだと感じました。

※参考『老年者ケアを科学する―いまなぜ腹臥位療法なのか』並河正晃著　医学書院

排便に関する事例あれこれ

1　うんこまみれ？

母の物忘れが始まるまでは、認知症の介護というものは別世界のことでした。テレビドラマなどのイメージがあったくらいで、便をもてあそんだり徘徊をするなど、ものすごく暗いイメージだけを持っていました。

書物の中で大変さを示す表現に、「うんこまみれ」という記述を見つけることもありました。確かに、母の歩行力が弱り、失禁をするようになり、排せつの介助が始まったころは、尿や便への対応は大変なものでした。畳の上で、尿まみれやうんこまみれにもなりました。

しかし、これらについては、いろいろな介護用品もできており、正しい対応を覚えることで、徐々に慣れていきます。やがて、初めに感じたほどの大変さではなくなります。長く介護を続ける中で、ポータブルトイレに尿の音が聞こえたとか便の臭いがしてきたと、ホームヘルパーさんと手をたたいて喜ぶことになるとは、夢にも思わないことでした。

在宅介護では、排せつ介助は確かに大きなウェートを占めますが、母の介護ではすでに述べたような状況で、極端な負担ではありませんでした。このことは、介護を継続する上で、大変大きな要素であったと思います。

2　検診での採便提出

母の介護で、『坐薬・温湿布・マッサージ排便法』による介助を受けていた時期のエピソードです。便の検査のために、採便が必要になりました。３日間のうちの2日分の便の試料を提出する必要があります。この時期の母の排便介助は月・水・土曜日の週3回であり、月曜日と水曜日に提出することになりました。ひとつ目の試料は月曜日の11時半頃に、訪問看護活動時に得られたものを、主治医が営まれている医院へ届けました。その際、受け付けの看護師さんに「もうひとつの試料は明後日の同じ時間に届けます」と伝えて帰りました。このときの様子を、後日主治医からお聞きしたのですが、試料を受け取られた看護師さんが持ち込み日と時間まで指定したことに驚かれ、「こんなことをおっしゃっていますが、本当にそんなことができるのですか」と主治医に話されたそうです。そのとき、主治医は「まあ、見ていなさい。ちゃんと持って来られるから」と笑いながら返答されたそうです。予告通り、指定の日時に便が持ち込まれて、看護師は再び驚かれたそうです。

　このことは、決まった日と時間にきちっと排便介助が可能になっていたからできたことで、看護師さんの一般的な知識の中では、考えられなかったことであったのだと思います。それほど、革新的なことだったのでしょう。

3 『神の手』

　主治医の往診は毎週金曜日に行われていました。このときに、聴診器で母の腸の動きを確認されます。ときどき腸の動きがすぐれないときがあります。便秘になる可能性が高く、対応が必要になります。『坐薬・温湿布・マッサージ排便法』により、排便を行っていた時期でも、長く便が詰まると後の対応も大変になります。できるだけ、腸の動きを改善することで、安定した便の移動が行われるようにしておくことが大切です。

　このようなときには､主治医が私に「マッサージで改善できるようにお願いしてください」と話されます。これを訪問マッサージ師にお伝えし、その処置を施していただきます。主治医が1週間後に訪問されたときには、腸の動きが改善されています。このようなことが何回かあって、母の排便が順調にいくために、なくてはならない処置になっていました。腸の動きの改善を確認された主治医から「マッサージさんの手は『神の手』やなあ」との言葉をお聞きしました。

4　特別な注文

介護者の私からマッサージ師にお伝えした、排便に関するお願いの事例です。画期的な排便方法で、家族介護者が排便介助に関わる回数は極端に少なくなっていました。しかし、まれにパッドから便が漏れ、寝巻きやシーツを汚していることがあり、これらの対応はやはり大きな負担でした。特に夜間就寝前に便漏れが見つかると、大変な作業をひとりで行わねばなりません。結果的に、私の睡眠時間が少なくなります。

これを何とかできないものかと、マッサージ師に次のようなお願いをしました。「明日の昼ごろ出るようにお願いします」とか、「明日出ると困るので、明後日に出るようにしてくださいい」などです。これを聞いたマッサージ師は、医師からの指示もないこのようなお願いを「高級料亭の特別料理の注文みたいやなあ。こんな依頼は受けたことがない」といいながらも、それに応じてくださいました。このお陰で、予定日以外の便漏れがほとんどなくなり、私の負担は随分少なくなりました。

5　腹部マッサージ

母の腸の動きを改善されたことについて、マッサージ師からお聞きした話です。
患者さんのなかで、消化管の炎症を起こされる方がおられました。この症状の原因は現在もわかっていません。医学的な対応を受けていても、ときどき救急車で運ばれることもあり、安定した生活を営むことが難しい状況でした。マッサージ師が医師から依頼を受けて、この方の治療を担当されるようになり、毎週1回の治療を続けることで、比較的安定した生活を続けることができるようになりました。最近、あまり使われなくなった「腹部マッサージ」という方法があり、これを工夫しながら得られた方法だと話されています。

母の治療に使われた方法（『神の手』）はこの時の経験を通じて得たものだとおっしゃっていて、それを応用していただいたとのことでした。医師は医師の担当分野、マッサージ師はマッサージ師の担当分野があり、お互いに尊重しあい、母の介護でそれぞれの良いところを活用していただいたのだと思います。

第3章
食事・排尿とおむつ外し・保清・肺炎予防・床ずれ予防の介護事例

食事介助の方法

1　母が大きな口を開けるようになった

母の食事介助をしていたときのことです。むせることが多くなってきました。口の開け方がだんだん小さくなり、大きな固形のものには、口の開きを少なくするか口を閉ざすようになってきました。そこで食材を細かくするようになり、少し開く口の隙間から、ポストにはがきを投函するように、何とか食事を入れるように介助していました。１回に口に入る量も少なくなり、食事介助に時間がかかるようになっていました。何とか今までの量を食べてもらいたいと頑張ると、むせることが多くなり、介助をする家族やホームヘルパーさんには大変な負担となっていました。

この時期、あるホームヘルパーさんの食事介助を見る機会があったのですが、なんと、母は大きな口を開けて以前のような食事を以前のように食べています。驚いて聞いてみると、母の様子をしっかり見て飲みこんだことを確認して、ゆっくり介助をしているとのことでした。

当時、箸を使って介助を行っていましたが、そのホームヘルパーさんは、母の台所の引出しから探し出した、首の部分も幅広のレジャー用のスプーンを使用されていて、いろいろ工夫されている様子が窺えました。口を開かないからと焦って、次から次へと食事を口の中に入れても、母はそれを噛み砕き飲み込むことができていないから、防護手段として口を閉ざすようになったのだと思います。この様子を他の介護者に伝えたところ、皆さんから、ゆっくり介助してもこれまでより時間も早くなり、介護がスムーズになったと喜んでいただきました。

このホームヘルパーさんからは、水分の飲ませ方についてもヒントをいただきました。コップで飲ませるのですが、むせることを気にして、少しずつ飲ませていたのですが、「その方法では空気が入ってしまうから」と、ある程度の量を一気に飲ませることを提案していただきました。おそるおそる飲ませてみると、なんと、ごくごく飲んでいて、目からうろこでした。

このホームヘルパーさんは、多くの食事介助を経験され、勉強もされ、口から食べることの極意を身に付けておられたのだと思いました。

2　固形食を試したホームヘルパーさん

さらに、母の嚥下(えんげ)力が低下して、いろいろな努力はしたものの食事はミキサー食のような状態になって行きました。この時期に、あるホームヘルパーさんが来られ、母の様子を観察しながら「固形食を食べてもらいます」と話され、驚きました。

このホームヘルパーさんは、臨時で稀にしか母の介護に来られない方ですが、信頼のできる人でした。不安そうなわたしの様子を見ながら「大丈夫ですよ」といいながら、介助をされました。大根を軟らかく炊いたものなどを準備し、順調に食事介助をされました。ミキサー食のように、ドロッとした状態の食事と、少しでも形が残っている食事では、食感や美味しさが大きく異なることを考えると、私たち介護者は何とか固形のものをと思っていましたが、毎日の介護で、誤嚥が怖くて実施できなかった状況でした。このとき、母の様子を一瞬で判断し、自信を持って固形食を試されたホームヘルパーさんの実力に驚きました。この方も、口から食べることに関して、多くの経験から専門的な知識と技術を持っておられたのだと思います。

3　母の食事介助のポイント

母の食事介助を継続していて気付いたことや、他の介護者の様子から学んだポイントを紹介します。基本的に感じたことは、人が生活の中で食事をするときは、食べようと思って食

母の食事介助のポイント

①姿勢を大事に考える

座位で食事をする場合、後傾した状態では飲み込むことが難しくなります。まして、介助をするということは飲み込む力が弱ってきた人に対して行うものなので、飲み込みやすい姿勢で食べてもらうことが重要です。母の場合は座位保持も難しかったので、車いすの周囲にクッションを入れて傾きを抑え、なおかつ食べる時点では右手で母の頭部を前に押して、少し前傾した状態で左手にスプーンを持って介助をしていました。

②覚醒しているときに

本人が眠たい状態では飲み込むことは難しく、誤嚥が起こりやすくなります。一時的に、頬を氷などで冷やし、覚醒した状態で食べてもらおうとしましたが、長くは続きません。駄目だと思ったらすぐに切り上げ、また後で食べてもらいます。あせらず、ゆっくり時間をかけて、1日24時間の中で少しでも栄養が入るように考えるようになりました。

③『ごっくん』（飲みこみ）の確認

食べる様子を見ていて、『ごっくん』と飲み込んだことを確認したあと、様子を見計らって次の介助を行うことが重要です。口の中に食べ物や噛みきれないものが残っている状態では、新しく食べ物が入ってきても食べられないことは想像できると思います。介護される人の能力は低下し、若い時のようにすらすらと飲みこむことはできないので、その能力に合わせて介助することが必要です。

④食べようとする気持ち

介助される人が、自分で食べたいと思う気持ちになったことを確認することが最重要だと思います。母の場合には、『ごっくん』を確かめたあと本人の様子を確認し、「いちにーのアーン」と声をかけると、食べる準備が整っている場合は本人が大きな口をあけてくれます。このような場合は、食事介助は順調に行きます。一度に口に入れる量も、少なくせず普通量でもしっかり飲み込みます。基本的に飲みこめなくなっているのではなく、飲みこむ状況ができていないから飲みこめないのだと思います。

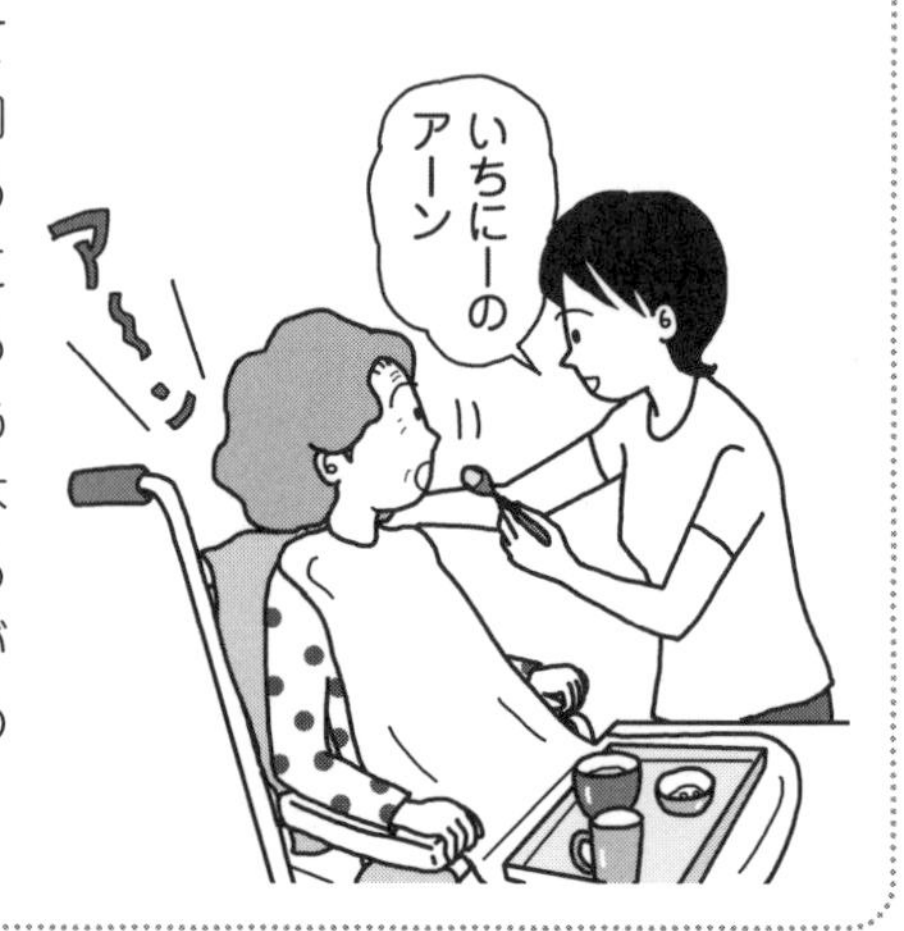

べるのが普通で、食べたくないのに無理に押し込むことは苦痛でしかないと思います。しかし、自分で食べることが困難な状態になっている人に対して介助をする場合、栄養を入れることが最優先になって、何とか所定の栄養を入れないと元気にならないとの考えが優先し、無理にでも入れようとする行為が多く見られます。噛むことや飲み込む力がどの程度なのか、残っている力を判断し、介護される人の状況や気持ちを理解することが一番大切なことだと思います。

先に紹介したホームヘルパーさんの食事介助は、このようなことをわかっておられたからできたことだと思います。

排尿介助の方法

1　「もれ」と「むれ」

排せつ介助で困るのは排便だけでなく排尿も同じです。いつ出るのかが予測できないと、尿が出たあと身体の清拭から衣類の洗濯まで、排便のときと同じようなケアが必要になります。ケアをしないと衛生的な問題が発生し、皮膚のかぶれも発生します。そこで、尿が漏れないようにおむつをつけることになります。

しかし、おむつをつけることは、介護を受ける人に皮膚かぶれの懸念が生じ、何よりも「おむつをつけるようになってしまった」との思いから、精神的に大きなダメージを与えることになります。介護をする立場からは、後のトラブルを少なくするために、尿が出てしまっても何とか外に漏れないように考えます。

市販の紙おむつも改良され、漏れないように裏地がナイロン生地になり、横にはギャザーが追加され何とか尿を漏らさない工夫が施されます。しかし、これでは皮膚のかぶれがより発生しやすくなってしまいます。日本の湿度は極端に高く、しかも肺炎の予防のために高湿度を保つ必要があり、かぶれが発生しやすい状況です。ある看護学生さんが病棟で実習を行った際に、何とか尿を漏らさないように、紙おむつを2枚重ねてがんじがらめにしていたと話されていました。

介護の現場ではそんなものだと思いますが、このような対応は、介護を受ける人の気持ちに沿ったものでしょうか。そうではなくて、介護者が楽をするためだけの対応でしかありません。本当に必要な介護の方法は、おむつをつけないで生活ができるようにすることだと思います。

2　いつ出るのか

おむつを外すために排尿に関して何が必要かを考えると、まず「尿がいつ出るのか」を知ることとです。これが把握できれば、尿が出る前に、排尿介助を行うことで対応が可能です。これができれば、排尿のトラブルが減少し、介護者の負担も減少します。

ところが、尿がいつ出るのかは本当にわかりません。母の介護を継続するなかで、歩行が困難になり、尿漏れが発生して困った時期がありました。この時期に、尿が出た時間を記録し続けたことがありました。ほとんどの場合4時間間隔で出るのですが、ときには2時間後に出るときがあります。こうなると、次に何時間後に出るのかが予測できません。同じように4時間後になるのか、それとも元のペースの延長線上だと考えて6時間後なのか、短くなったそのリズムで2時間後なのか、まったく見当がつきません。データをとってもまちまちで、とても法則があるとは思われません。

もうひとつ、尿が出る時間の間隔を長く一定にできれば、介護を受ける人のリズムができ、介護者の負担も減少すると思われます。このための方法が見つかれば、かなり、おむつ外しの実現に近づくことができます。

3　お尻をこそばす[※]方法（※関西地方の方言で、くすぐるの意味）

一定の時間ごとに排尿を可能にするために、母の介護で実際に行っていた方法を紹介します。この方法のきっかけは、排尿時間の把握に悩んでいる私の様子を見ていたホームヘルパーさんからいただいた「お尻をこそばすと、おしっこが出ると聞いたことがあります」との言葉です。（図F）の■部をほわっと指でこそばすように触れると、確かに出ます。外出前などに、この方法で意識的に尿を出すことができると、介護の面では大変助かります。この方法を実施していくなかで、だいたい4時間ごと（冬場は少し短め）に排尿の介助を行うことで、尿漏れの心配がなくなり、おむつを外すことができるようになりました。

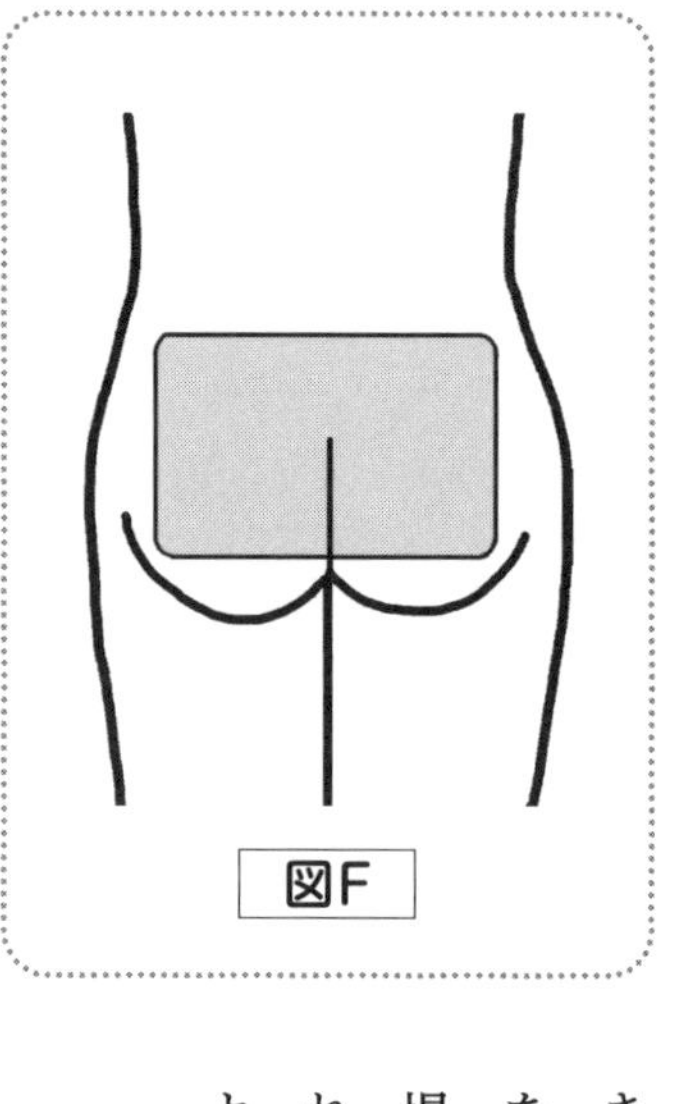
図F

しかし、たまに早めに出ることがあります。おそらく、排尿介助の際に尿が出尽くさず、膀胱内に尿が残っていたのだと思えます。この対応としては、排尿介助を行ったあと、少し時間をおいてもう1回お尻をこそばします。そうすると、1回目よりは量は少ないのですがまた尿が出ます。これをもう1回ぐらい実施すると、残尿の量が少なくなり、ほぼ4時間尿が出ない状態になります。お尻のあたりには、排尿を促すポイント（センサー？）があるようです。

自分でも、尿を急ぐときや就寝前に残尿を少なくしたいときなどに実施してみますが、尿意が増し、尿が勢いよく多く出ます。

4　おむつを外す

これまで、便秘への対応と排尿のコントロールについて紹介してきました。しかし、おむつを外すためにはまだ課題があります。下痢便や軟便への対応と夜間の排尿への対応です。

高齢になって、排便のトラブルでは圧倒的に便秘が大きなものです。それは、体力が弱り、筋力が弱り、蠕動運動や括約筋の衰えが便秘の原因になるからです。しかし、下痢や軟便が出ることもあります。これらは、おむつで吸収しにくいもので、介護者の頭痛の種でもあります。

母の場合には、他の事例と同じように大変な思いをしながら何とか対応していましたが、胃ろうにより栄養補給をしていたときに、主治医から下痢の原因は脂分であるとの説明があり、栄養剤を脂質の少ないタイプに変更するように処方をされました。さらに、亢進（こうしん）（機能が通常より高ぶり進むこと）により、腸が活発に動き、水分を吸収する時間が少なく、その結果下痢が発生するとのことでした。これらは、看護師を通じて腸の動きを整えることで対応する方法を指導していただきました。

夜間の対応については、尿の間隔が４時間だとしても、夜間に1回は排尿介助を行う必要が生じます。このために、就寝前の23時頃に介助を行い、1回は尿パッドで吸収し、就寝から７時間後の６時に排尿介助を行うことで対応していました。

このとき使用する尿パッドは、裏地がナイロンでなくギャザーもついていない初期に発売されていたタイプのもので、エアーマットはエアー噴射機能の備わったタイプのものを選定し、その上にブレスエアー（通気性シート）を使用して、むれることを予防していました。尿管を装着した状態での対応は、尿管の周りからの少しの尿漏れを吸収するだけでよいので、紙おむつは使用せず、小さな尿パッドのみで対応していました。

このようにして、尿管装着前には夜間以外はおむつを外し、尿管装着後は紙おむつを使用することなく、むれない小さな尿パッドのみを使用して過ごしました。参考に、外出時には念のために紙おむつを使用していました。

排せつの問題を解決する方法として、まずおむつありきとの観点から検討されている事例が多いと思います。装着のしやすさとか、どれくらいの量を逆戻りしないで吸収できるか、いかに漏れなくするのか、といった観点からおむつが開発されています。

一方、介護者の手を煩わさないようにとの試みもありますが、排せつを感知し、身体を湯洗いし、バキュームで吸い取るといった装置まで開発されています。これらの改善は、どれも現場を良くしていくことに繋がり、介護者の負担を減らします。しかし、このような方法は被介護者が望むような方法でしょうか。他に対応の方法がない場合には利用することで効果を上げるでしょうが、自分が介護を受けることになったときに、このような方法での介護を望むでしょうか。

望ましい介護の方法を考えるとき、介護を受ける人のことや介護をする人のことを思い、それぞれの生活を大切にすることが重要です。このためには、高齢になり身体が弱り、できなくなってきたところに対し、人間の生理現象を支援することを大切にして、介護の方法を考えることが大事であると思います。

母の介護で行われていた方法は、身体の衰えてきた機能を手技療法で支援することで、浣腸や下剤によらない排便介助を行い、尿意を催すポイントをこそばすことで排尿を促すという本来の生理現象に近い方法で介助を行うことで、本人にも介護者にも負担の少ない排せつ介助がなされていたと思います。

入浴の方法

1　母が受けていた入浴の方法（ビニール浴）

在宅介護での重介護者の入浴方法は、現在訪問入浴が主流になっており、ビニール浴はほとんど実施されなくなっています。ここでは母の場合の入浴がどのようなものであったか、その概略を紹介します。

保健所の看護師の指導で始めた入浴方法で、ベッドをそのまま浴槽にし、別の浴槽で沸かした湯をホースで給排して入浴をする方法です。寝たきりの利用者には理想的ともいえる方法で、母の負担も少なく、亡くなる直前までこの方法で入浴を継続することができました。

具体的には、体の下に園芸用シートを敷いて周りをクッション類で囲み、体に適したサイ

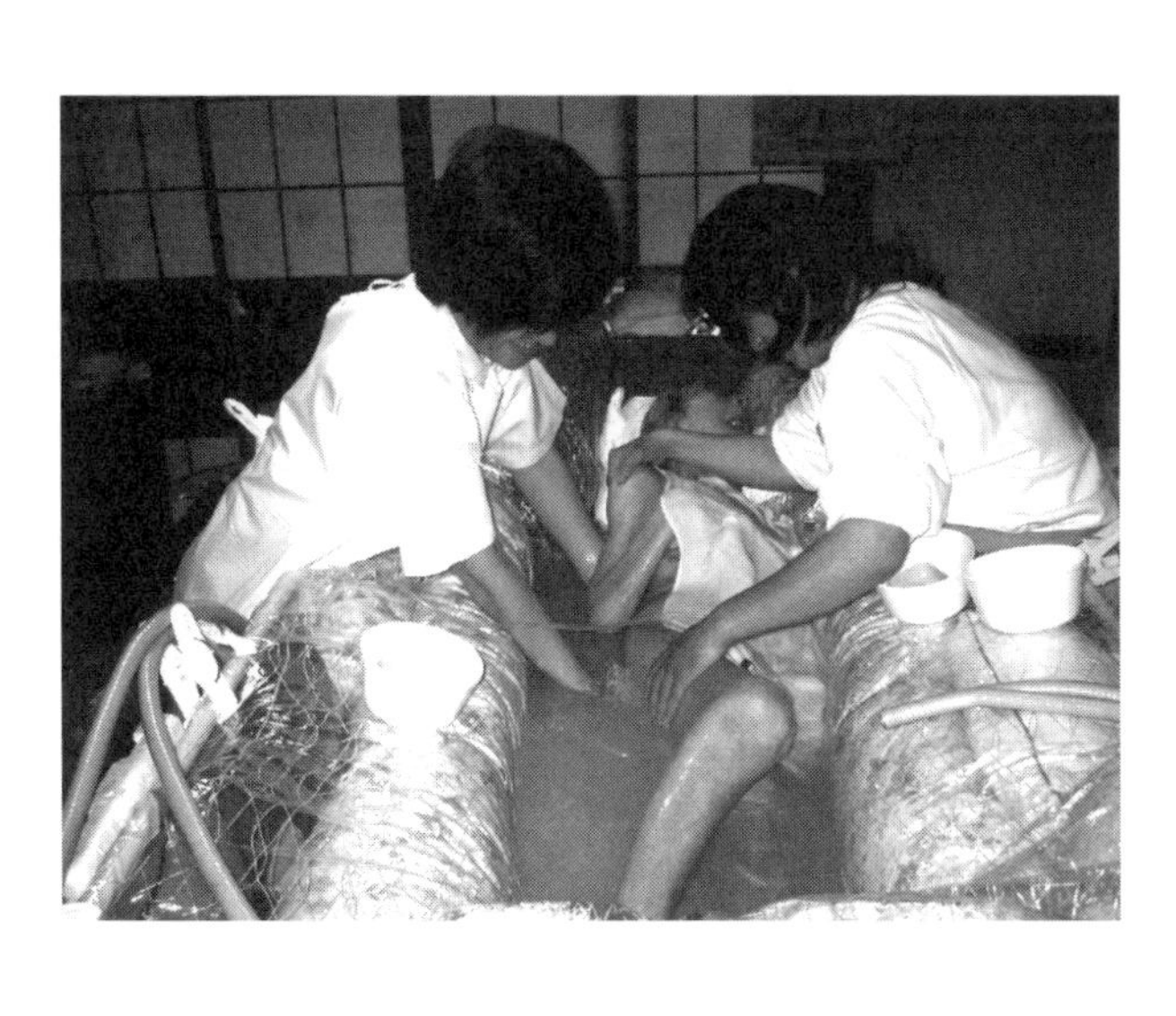

ズの浴槽を作ります。この浴槽に別の浴槽で沸かしておいたお湯を2回に分けて給湯し、1回目は洗髪や体を洗うことに、2回目はすすぎと保温に使います。

この方法の優れたところは、移動がなく本人への負担が少ない・感染の危険性が少ない・保温効果が大きい・介護者への負担が少ない・大きな専用車を家に横付けすることがないなどです。※保温効果については、同じ時間の入浴でも2回に分けて入ることで、後の保温効果に大きな差があることがわかっています。このことは、母の介護でも確認できたのですが、入浴の後では尿量が増えます。保温効果で血液の循環が良くなり、そのような効果が表れたのだと思われます。

また、週2回のビニール浴を訪問入浴に変えられた患者さんが、浴槽が固い・体の温まりが少ないことを理由に、2回のうちの1回をビニール浴に戻された事例がありました。

※1996年10月31日NHKテレビ　生活ホットモーニングより

清拭の方法（蒸しタオル清拭）

1　一般的な清拭の目的と方法

自分で入浴をすることが困難になった人に対して、何回も入浴介助を行うことは一般的ではありません。

私が膝蓋骨（膝のおさら）を骨折し入院したときには、入浴の他に身体の清潔を保つために、熱い濡れタオルを絞ったものを受けとり、自分で身体の隅々まで拭き取っていたことを思い出します。これも清拭ですが、その目的と具体的な方法をおおまかに整理してみます。

清拭の目的は、入浴が困難な人に対して、身体の清潔および皮膚の機能を保つ・血液循環を良くする・爽快感を得るなどです。また、看護師を含めて他人の介助で実施する場合には、全身の観察を行うことで、床ずれなどの皮膚のトラブルを発見することも目的のひとつです。

一般的な清拭介助の手順は、初めに利用者のバイタルサインを確認したあと、熱いお湯で搾ったタオルを自分の腕の内側にあてがって熱すぎないかを確認してから、身体の上部から下部へ向かって順次拭いていきます。その後、衣類を着せて、背中や脇などのしわを伸ばし、シーツのしわも伸ばします。

方法としては、石鹸を使用する場合と使用しない場合があり、全身清拭と部分清拭がありま す。実施に当たっては風邪をひかさないように、肌の露出への配慮や室温のコントロールなどが大切です。

2　蒸しタオル清拭の目的と効果

床ずれ患部の切除が行われたあと、しばらく母が入浴できない時期があり、保健所の看護師の指導で蒸しタオル清拭を始めました。その後、入浴が可能になった後も、入浴日以外の日に、訪問看護師とホームヘルパーあるいはホームヘルパーと家族介護者の2名で実施していました。このときの目的は入浴と同じものであり、通常清拭の目的とは少し異なっていま す。目指すところは同じですが、特に蒸しタオルを複数枚重ねてしばらくの時間保温すること、また、2回に分けて実施することで、先に述べた複数回の温めでの保温効果がより大きなものになることを目指して実施していました。

実施を継続して得られた効果としては、入浴日と同じように尿量が増加したことで血液循環改善の効果があったと思われます。また、長い期間の実施で、それほど白くなかった母の肌が白くきめが細やかになり、美容効果が表れたと思われます。

3　蒸しタオル清拭の具体的な方法

寝たきりになったときに、また体調が良くないときに入浴が困難なことがあります。それでも介護を受ける人にとっては、湯に浸かってゆっくり温まりたいと思うものだと思います。蒸しタオル清拭は、入浴と同じように保温効果が見られ、介助を受けた人も気持ち良く感じるものだと思います。

母の介護に来ておられたホームヘルパーさんのことを紹介します。遠くの実家でお母さんが介護を受けられていました。実家を離れたそのホームヘルパーさんは、お母さんの世話を家族の方に託していることを、心苦しく思われていました。実家に帰られたときに、母の介護で身に付けられた「蒸しタオル清拭」をお母さんに実施されました。そのときのお母さんの気持ち良さそうな嬉しそうな顔を見て、効果の大きさを実感されました。このケアは、準備をしっかりしておけば、ひとりでの介護が可能で、ときどきでもいいので、実施することが好ましいすぐれた介護方法だと思います。

蒸しタオル清拭の具体的な方法

1 準備

タオル

坐薬・温湿布・マッサージ排便法の項目(82～84ページ)で紹介しましたが、フェイスタオル12～15枚を4つ折りにしておしぼりのように丸めます。洗面器に40℃程度のお湯を入れ、少し水分を残した状態でタオルを絞ります(**図G**)。これを電子レンジで1回に3～5本を1本当たり30秒(夏は25秒・冬は35秒)の時間で温めます(**図H**)。これをナイロン袋で包み発泡スチロールの箱に入れて保管します(**図I**)。

図G

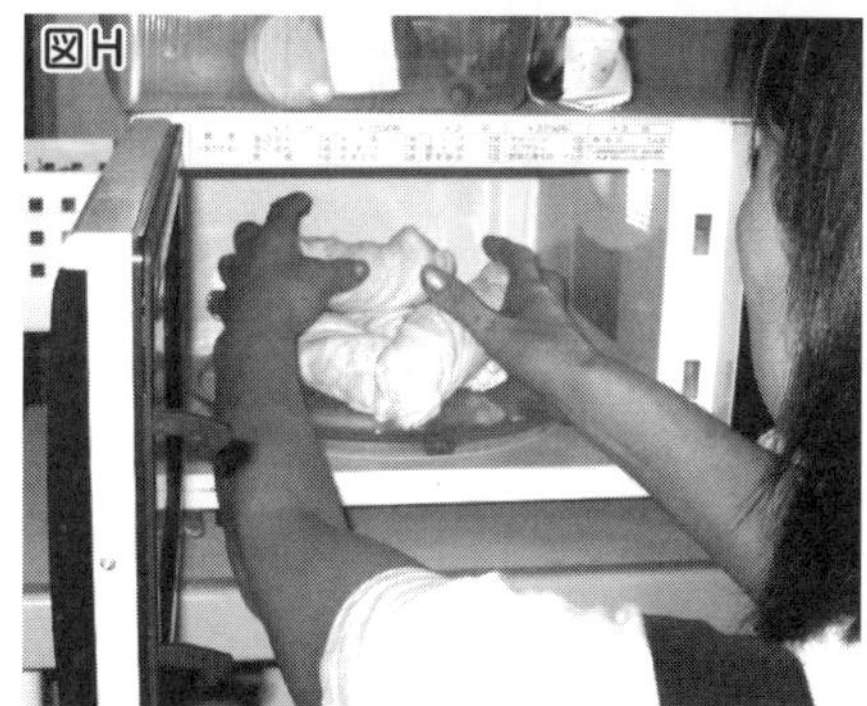
図H

その他

胃ろう部のガーゼを取り除きサランラップを当てます。寝巻の両袖を脱がせておきます。

図I

2 蒸しタオル清拭

前面保温

蒸しタオルを広げ、胸部に2～3枚重ねて当てます(**図J**)。ナイロン風呂敷を掛け側面を包み込みます。バスタオルを掛け、この状態で10分ほど保持します。両方の腕の下にナイロン風呂敷を敷き、タオルを巻き付けナイロン風呂敷で包みます。順次、大腿前側・足首をタオルで包みます(**図K**)。腟部は血管も細く炎症を起こしやすいので保温はせず拭くだけにします。顔も保温はせず、蒸しタオルを手に巻き付け、丁寧に拭きます(**図L**)。胸部と同じ要領で、温めます。

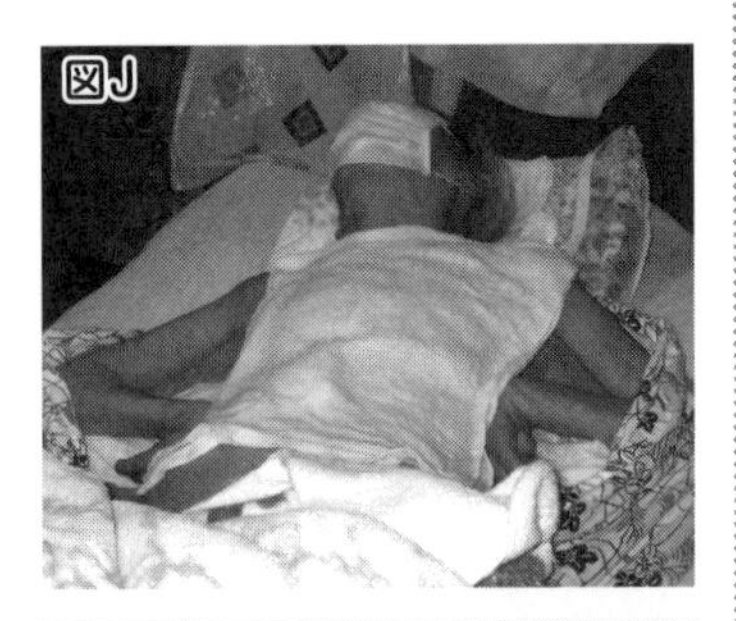

図J

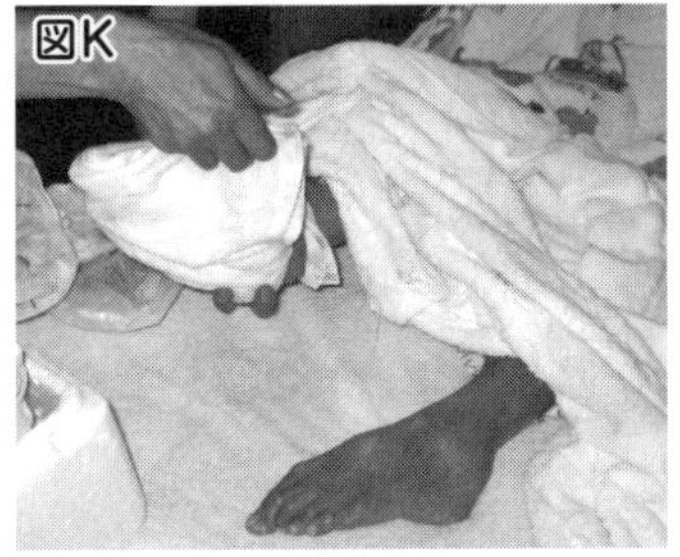

図K

体位変換

両腕・足首・太腿・胸の順にタオルを取り除き、腟部も含めて清拭を行い、バスタオルで軽く拭き取り、ドライヤーで乾かします。その後、うつぶせ寝状態にします。

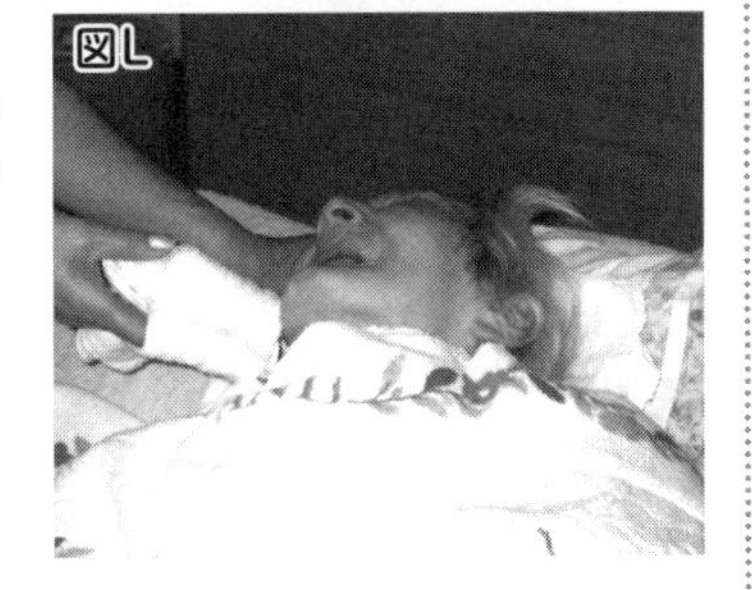

図L

背面保温

背中・太腿を前面と同じようにタオルで包み10分ほど保持し、その後清拭と乾燥を行います。

体位変換

寝巻を着せて仰向けに戻し、姿勢や寝巻を整えしわを伸ばします。

肺炎トラブルへの対応

在宅介護を継続するに当たって、肺炎トラブルは致命的なものであり、対応も結構難しいものだと思います。高齢者の死因の中でも高い比率を占め、その対応は、在宅介護を継続するためには、重要なポイントだと思われます。母の事例では、若いときから肺に異常を持ち、介護の初期には肺炎が原因で何回も入院をした母が、介護者が医療的な指導を受けて介護に慣れた後半時期には、ほとんどトラブルを起こさないまでになりました。夜間の吸引もほとんど不要になり、介護を受ける母にも介護者にとっても負担が少なくなり、人間らしい介護ができる大きな要因になりました。これらの様子を紹介します。

1　なぜ肺炎を起こすのか、対策をどのように考え実施するのか

肺炎は、肺炎球菌などの細菌やウィルスなどが肺に侵入し付着することで、炎症を起こします。高齢者の場合には、菌に対する抵抗力や嚥下能力も低下していて、飲み込みがうまくできず誤嚥（ごえん）を起こします。唾液や食べたもの、あるいは咳で出てきた痰（たん）や唾液がふたたび喉

へ向かい、食道へ流れず気道を通って肺に入り（誤嚥）、その中に含まれている細菌などが原因で肺炎を発症します。

対策としては、「①細菌やウィルス・その他異物を体内に入れない」「②口腔内の清潔を保つ」「③誤嚥を防止する」「④細菌の繁殖を防止する」「⑤気道から中に入った細菌を外に出す」「⑥肺炎にかかったら治療をする」ということになります。それぞれについて、母の介護で行っていたことを紹介します。

①細菌やウィルス、その他異物を体内に入れない

介護者や見学者が風邪気味のときにはマスクを着用し、母も後述する理由で常時マスクを着用していました。介護者は薬用石鹸で手を洗っていました。また、母が風邪を引かないよう室温（夏季26℃・冬季22℃）や寝具に気を遣っていました。

②口腔内の清潔を保つ

朝食後に口腔ケアを行っていました。歯磨きを終わった後に右手にガーゼを巻き付けレモン水に浸し、口腔内の唾液を拭き取っていました。さらに、舌苔（ぜったい）ブラシを用いて、舌に着いた粘液を取り除いていました。痰がでたときには吸引をしますが、痰が出ていないときでも定期的に吸引を行っていました。

③誤嚥を防止する

胃ろうにより栄養補給をしていた時期には、栄養補給前にタッピング※（図M）と吸引を行い、誤嚥を起こす部分をきれいな状態にしていました。また、栄養剤の滴下速度を調整し、補給超過による逆流を防止していました。

姿勢にも気を配り、側臥位姿勢での身体を起こす角度を60度位にして、大きく起こし、顔をしっかり横に向け（図N）、出た痰が戻って肺に入らないようにしていました。

※タッピング　掌で肺に軽く振動を与え、気管壁に付着した異物を剥がし、蠕動運動で咽喉の方へ送り出し肺炎を予防する作業

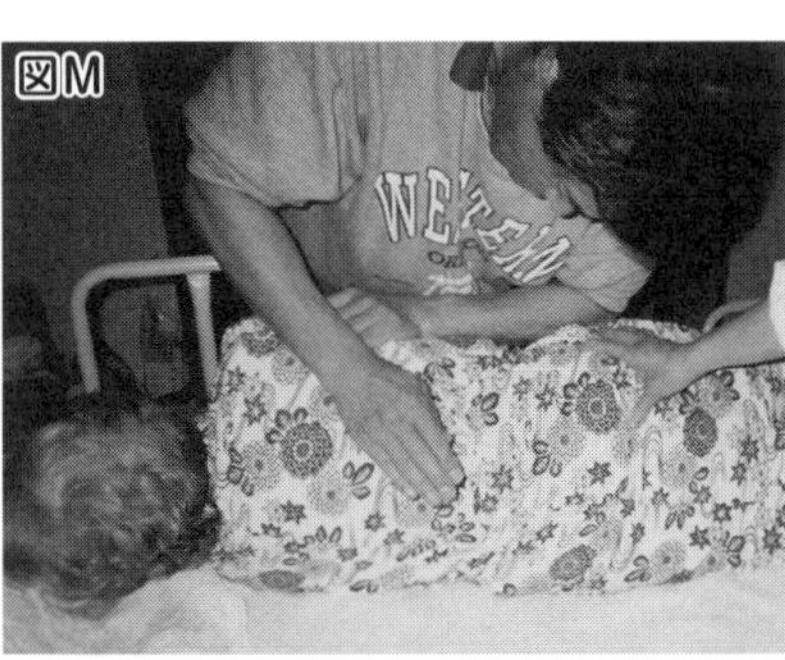
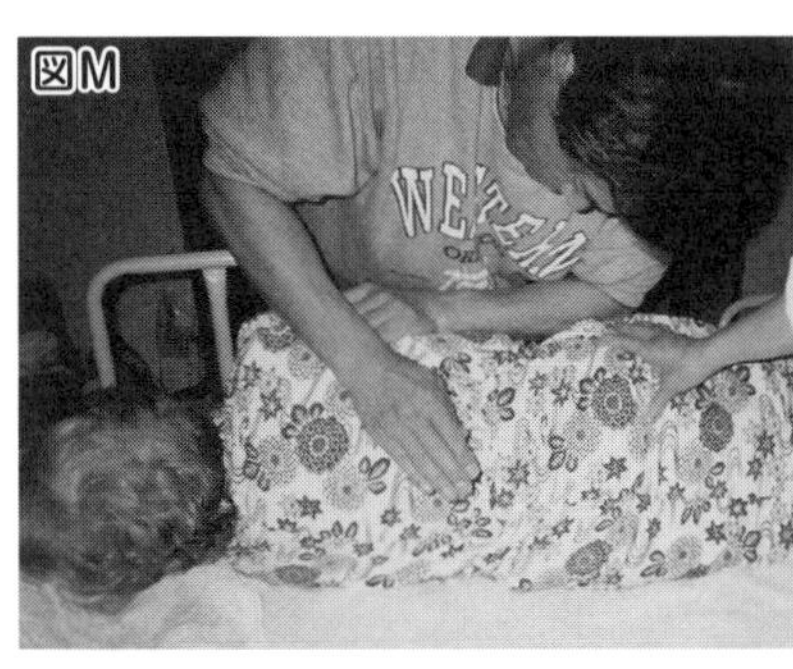

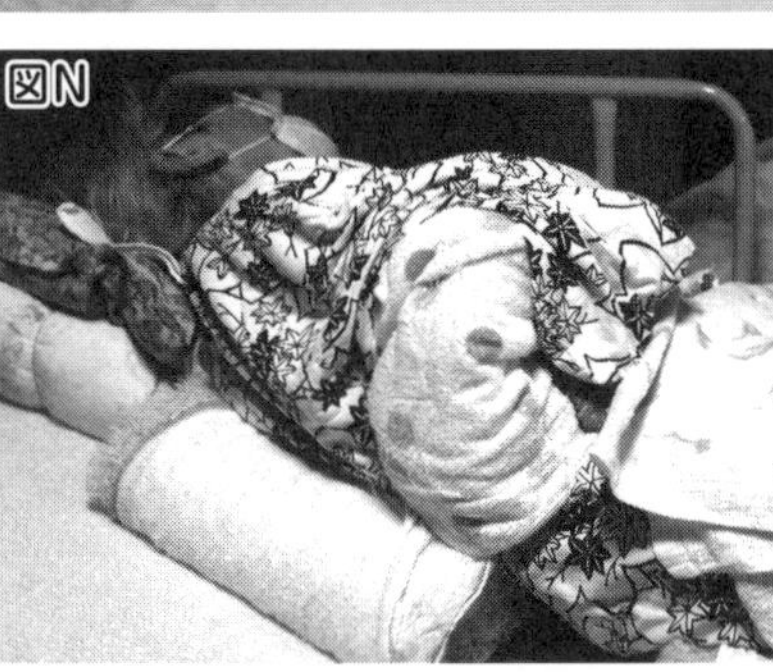

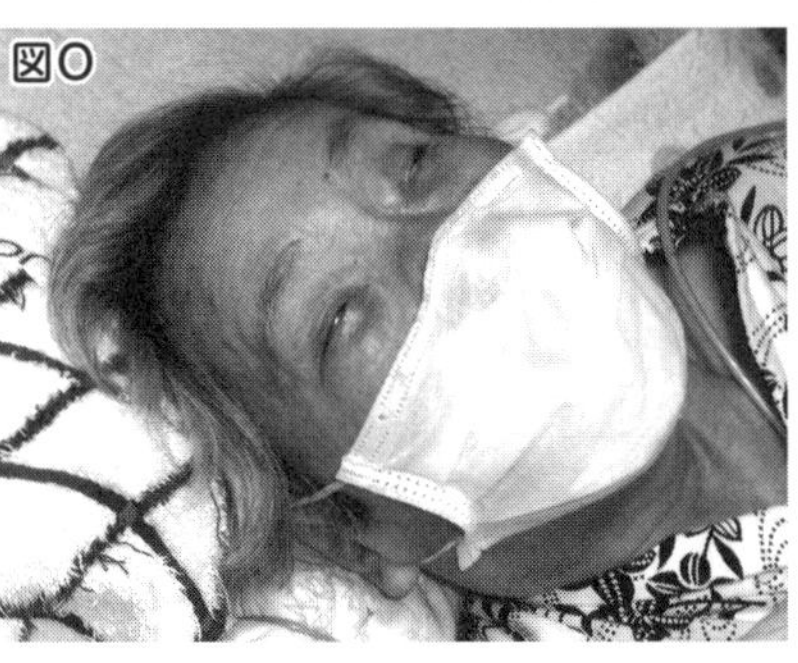

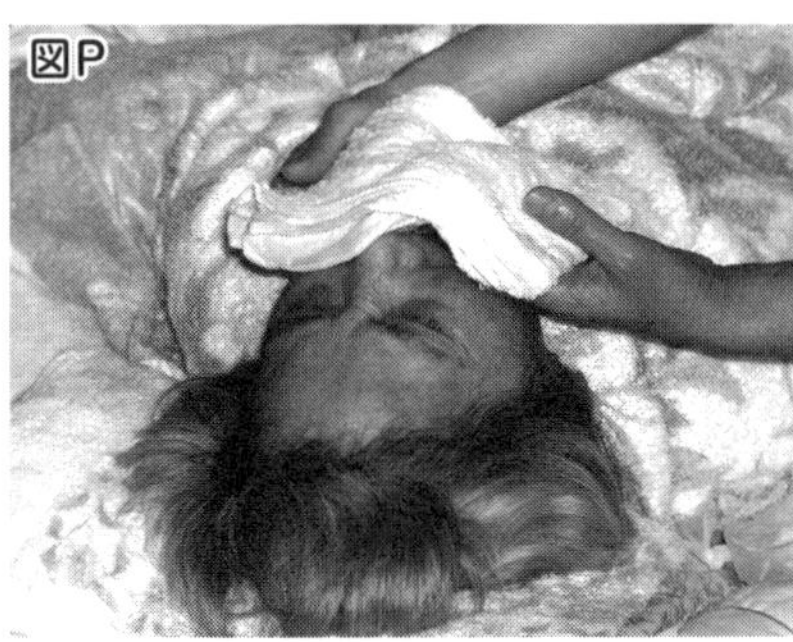

④細菌の繁殖を防止する

湿度が低いと、乾燥により気道粘膜の防御力が低下します。また乾燥状態では細菌やウィルスが繁殖しやすくなります。この対応に、体内の湿度を上げるために、室内湿度を50～60%に設定する・水分の補給にも気を配る・濡れガーゼを口に当てマスクで保持する（図O）・蒸しタオル清拭で身体に当てる前のタオルを母の口の前面で保持する（図P）・使用するタオルは少し脱水を緩めにして母の部屋で干す、などの対応をしていました。さらに1日3回定期的にネブライザーを用いて蒸気吸入を実施し、その他にも必要に応じて臨時に吸入を実施していました。

⑤気道から中に入った細菌を外に出す

肺深部に入った痰を除去するためにも、いろいろなことを実施していました。定期的な体位変換の実施・定期的なタッピング・うつぶせ寝・胸と背中へのむしタオル清拭などです。

⑥肺炎にかかったら治療をする

いろいろな対策を講じていても抵抗力が弱っている人は、肺炎にかかりやすい状況にあります。このため常時医療的な対応も必要になります。母の介護では、毎日5回の検温を行っていて、37・5℃から38℃未満になれば両脇に氷を入れ、38℃以上になれば医師に確認のうえ解熱用坐薬を投与し、必要に応じて抗生物質の投与や点滴を行いました。これらの対応に必要な器具や薬は事前に準備をしてあり、迅速に対応することができました。

2　夜間吸引作業への対処

記述してきたような対応をしていても、咳と共に痰が出てきます。昼間なら、介護者が傍にいれば容易に吸引をすることができますが、夜間にこのような事態が発生すると、そのたびに介護者は目をさまし吸引をすることになります。毎回対処しなくてもと思いますが、苦しそうな様子を見ていると放っておけなくて吸引を実施します。この結果、介護者は睡眠不足になり、この状況は介護者にとって「人に優しい状況」ではなく、危機的な状況を生み出す原因にもなります。夜間の吸引という負担の大きな作業をなくすためには、どのようにすればよいのか、まだ決定的な対策についてこれだというものは示されておらず、高齢者の肺炎はいつも死因の上位になっています。

母の介護では、結果的に夜間の吸引をしなくても肺炎にかからない状況が生まれていました。その様子を紹介します。寝たきり時期には、すでに記述したケアを実施していて、肺炎にかかりやすかった母も、在宅で肺炎の心配をしなくてもよいようになっていました。それでも、夜間には３回程度吸引をする状況で、介護者の負担は大きなものでした。これを何とかしたいと取り組んだ結果、夜間の吸引をほとんどしなくてもよい状態になりました。この経過を表1に示します。この間に介護をするうえでどのような変化があったかというと、

①夜間の介護者の数が減少し最終的にはひとりになった
②吸入・タッピング・口腔ケア・体位変換の回数は、以前に対して同等かむしろ減少している
③側臥位の姿勢を大きく横に向け、痰が出たときに肺に戻らないように配慮した
④就寝前に強制的に吸引を行うようにした（※④）
⑤室内の清掃回数を増やし、それまで清掃していなかったところも丁寧に清掃した（※⑤）

※④　咳が出たときには、何回も咳を繰り返し、最終的に大きな咳をして痰が出て落ち着く状況なので、医療関係者にも相談し、肺の状況も確認しながら、強制的な吸引（吸引チューブを少し長めに入れる）で大きな咳をさせることによって同じように落ち着くことを期待して実施した
※⑤　回数増加と共にベッドフレームの内部・照明器具の傘の上・医療備品の保管ケースの中などを、ホームヘルパーさんが徹底して清掃した

3　思うこと

母は若いときに左胸を患い一部が機能していなくて、介護の初期には肺炎を起こしやすい体調でしたが、結果的に肺炎にかかりにくくなり、夜間の吸引もほとんど必要がなくなり、介護者は大変な状況から解放されました。なぜこのようなことができたのかを考えるとき、

表1　夜間吸引の減少経過

年	2003年					2004年			
月	8	9	10	11	12	1	2	3	4
吸引回数／日	3.21	2.37	1.13	0.75	0.53	1.74	0.59	0.68	0.1
夜間介護者数	3	2		1					
吸入回数／日	4	3.7		4					
タッピング回数／日	3			2.5				2	
口腔ケア回数／日	2	2.5		1.5				1	
体位変換回数／日	5			5〜3				3	
側臥位姿勢改善									
強制的吸引									
室内清掃回数／週	1							3＋α	

※ の印は、程度が強化されたことを示している

訪問看護師の指導により、しっかりした介護ができたことが決定的なことだったのではないかと思います。

指導を受けた介護内容のひとつひとつは、人間の生理現象の基本に忠実な内容で、素人の家族介護者が実施するに当たって、それほど困難な作業ではありませんでした。内容が基本的であったことも大きな要因でしたが、なんといっても具体的な方法について訪問看護師を始めとする医療関係者が、家族介護者に丁寧に指導をされたことが大きかったと思います。

また、ホームヘルパーさんが掃除を徹底されたことは、室内のほこりを取り除き空気の清浄度を向上させ、肺炎の直接の原因である菌の減少につながったのだと思います。実施項目を見てみると、こんな大変なことまで現実にはやれない、と思われるかも

しれませんが、慣れてしまうとそれほど大変なことではなく、大きな負担でもありませんでした。基本的なことを忠実に実施するということが、重要であると思います。

床ずれ（褥瘡）トラブルへの対応

在宅介護では、家族介護者の医療的な知識が乏しい状況で介護が進められます。床ずれも知識が乏しい状況で発生してしまいます。いったん発生するとその対応には大変な努力が必要で、全身状態が良好ではない寝たきりの患者にとって、改善するのはとても困難なことです。母も車いす生活の時期に仙骨部に床ずれが発生してしまいました。

関係者の知恵や大変な努力のおかげもあって、6年もの期間を経て治癒しました。今思い起こせば、当初から床ずれに対する知識があり、正しい対応ができていれば、あんなに大変な思いをしなくて済んだのにと思うことがあります。これから在宅介護を行われる現場で、床ずれを発生させることがないように、不必要な労力を使わなくて済むように、母の介護での様子も含めて紹介したいと思います。

1　なぜ床ずれはできるのか

身体の一部分が長時間にわたり強い圧力を受けることで、血管が圧迫され血液が流れにくくなります。圧力を受けた部分には、栄養が届かなくなって組織が壊死（えし）し、床ずれが発生します。具体的にどのような状況で床ずれが生まれやすいのか、いくつかの例を紹介します。

①自力で体の移動（寝がえり等）が困難な場合

寝たきり状態や体に麻痺がある場合には、自分で身体を動かすことができず、同じ部分に、圧迫が長時間加わることになります。

②筋肉が衰え痩せている場合

痩せると骨が出っ張ってきます。肥えていた場合には、圧力が加わったときに、皮膚と骨との距離が離れていて圧力が分散されますが、痩せている場合は、皮膚と骨との距離が短く弾力性もないことから、直接組織が圧迫を受けることになり、同じ圧力がかかった場合でも、単位面積当たりにかかる圧力はより大きなものとなります。

③もともと血流が良くない場合

同じ圧力が加わった場合、もともと血流が良好な場合には問題がなくても、よくない場合に圧迫の影響を受けやすく、血液が流れにくくなります。

④衣類やシーツにしわができている場合

しわがなければ圧力は均等に分散されますが、しわがあるとその部分は突起となり、圧力が集中します。

2　日常の予防は

床ずれの予防に一番大切なことは、介護者が床ずれについての知識を早い段階で把握するか、医療関係者が早期に関わることによって、発生を未然に防ぐことです。いったん症状が出てしまうと、改善することは難しく、ましてや治癒することには大変なパワーが必要になります。在宅介護者が知識を持たないときに、床ずれが発生するという状況を何としても食い止めることが重要です。次に、母の床ずれ治療の具体的な方法について紹介します。

先に述べた原因に対して、忠実に対応することが予防法となります。一般的な方法は次のようなものです。

・身体の部分に、強い圧力がかからないようにする。具体的には32㎜Hg（ミリメートルエッチジー）**以下の圧力にすること**

・身体にかかる圧力を分散し軽減する
・同じ所に長時間圧力が継続してかからないようにする

自力で寝返りができない人には、定期的に体位を変えることが必要になります。一般的には、エアーマットを使用します。エアーの力で身体を支える部分を一定時間ごとに変更することで、同じ個所への長時間の加圧を避けることができます。また、2時間ごとに、身体を右に向けたり左に向けたりする体位変換を行うことが求められています。

母の介護では介護者の無知で床ずれを発生させてしまったのですが、長年の取り組みにより、寝たきり状態でも治癒させることができました。実際に行っていた方法は、エアーマットを使用し、それに加えて圧力分散シート「ブレスエアー」を使用していました。このことで、母にかかる圧力は32㎜Hg以下となったことが想定されます。体位変換については、2時間ごとの実施は現実的ではないので、昼間に5回実施し、そのうち2回はベッドの角度調整で代用していましたので、実質1日3回の実施で、夜間介護者は7時間寝ることができていました。介護者の睡眠時間が確保できていたことは、在宅介護を継続するための大きな力となりました。

3　床ずれができたら

床ずれができてしまったら、知識を持っていない状況では、どのようにすればよいのか、途方に暮れます。このままひどくなってしまうのか、何とか現状を維持できるのか、それとも元のようにきれいな肌にすることができるのかが気になります。特に、床ずれができやすい、車いすでの生活や寝たきりでベッド上での生活を送っておられる方のように、全身状態が良くない人の場合には、治癒させることは非常に困難です。しかし、母の場合は6年をかけて治癒に至りました。これらを紹介して、参考にしていただければと思います。

母は、車いすに座って生活をしているときに、仙骨部に床ずれができました。家族介護者はそれが床ずれだとは認識がない状況で発症しました。医師から外科的な手術を勧められ、切除が行われました。その結果、大きく壊死した部分と深く掘り込まれたようなポケット部分が残り、悪臭もひどく、外観もとても目にするのがつらい状態でした。これらの対策にいろいろなことを試行錯誤しましたが、主なものを130~131ページに紹介します。

4　ホームヘルパーさんの活動

福祉の展示会で出合った「ブレスエアー」についての情報です。説明員からサンプルを送っていただき、私も寝具として使用していました。ホームヘルパーさんにもその良さを紹介していました。ある日「入院している母の皮膚が赤くなっているので、床ずれにならないように試してみたい」と話されたので、使用中のブレスエアーをカットして渡しました。何日か後に報告があり、赤くなった患部にブレスエアーを敷いておくだけで、赤い色がなくなったとのことで、他の患者にも活用した結果、入院中の患者さんで床ずれの懸念がある方にことごとく効果があったとのことでした。床ずれを治すことは、医療の範疇と考えがちですが、この事例は、介護の力で床ずれを改善あるいは未然に防いだものなので、大きな意味があると思います。

5　2時間ごとの体位変換について

先に述べましたが、床ずれを起こさないためにエアーマットの使用が一般的になっていますが、2時間ごとの体位変換も一般的に行われています。病院などでの入院患者に対し、右側臥位と左側臥位の時間配分を示した円グラフがベッドの周辺に掲示されていることも多く見かけます。しかし、在宅介護ではほとんどの場合、介護者はひとりなので、夜間も含めて

床ずれの予防・対処法

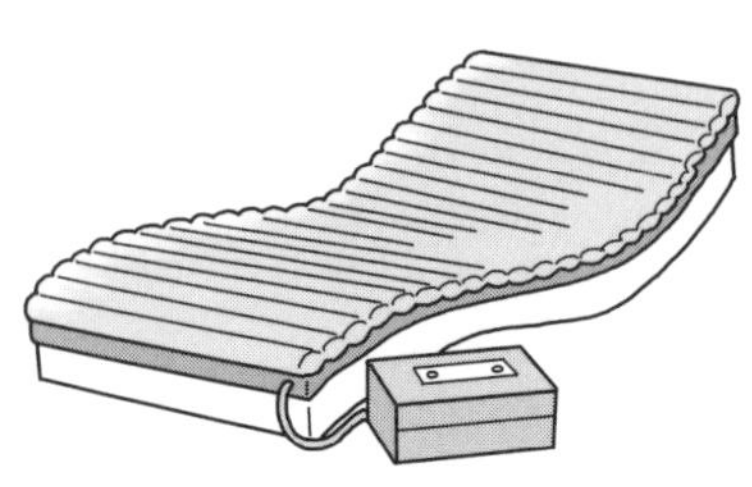

①圧力の分散を行う

ベッド上で身体に部分的な圧力が継続してかからないように、エアーマットと通気性の高い圧力分散シート「ブレスエアー」を使用した（肺炎予防に室内湿度を50～60%に設定しているため、かぶれ予防に通気性の良いものを選定することが必要です）。

②薬を患部にしっかり届ける

患部はポケット部分があり中にまで薬が届きにくい状況があり、看護師の指導でタンポンガーゼ（細長く切ったガーゼ）に薬を塗りポケットの奥まで届ける作業をした。薬は初期から中期にかけて「ジェリパーム」（生理食塩水をゼラチン状にしたもの）を使用し、劇的な効果を上げた。

③患部に圧力を加えない

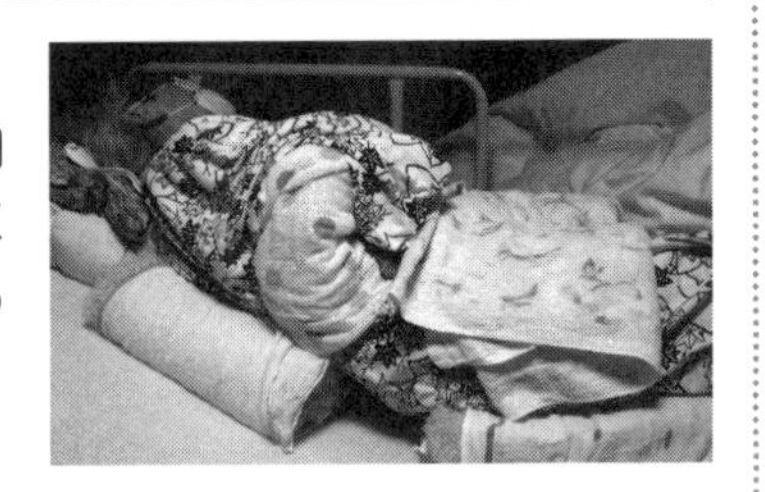

側臥位（身体を左右どちらかに向ける）状態で、クッションの位置に気を配り、患部に直接力が加わらないようにした。

④患部を清潔に保つ

患部は傷をつけないように粘液を取り除き、翼状針（針の先端から洗浄液を出し、ピンポイントで患部をしっかり洗浄することができる）を用いて番茶で洗浄を行った。

⑤むれの防止

患部は新しい肉芽の育成のため湿潤状態が必要ですが、周囲はむれが症状の悪化につながるので湿度を避けます。母の場合は、紙おむつはもちろんパンツも外し、むれにくい尿パッドのみを装着し、衣類はその上に浴衣のみの状態で過ごした。

⑥ずれ・引っ張り力の防止

ベッドの背上げをするときに身体のずれを少なくするようにクッションなどで工夫をした。また、患部がピンホールになって長期間改善が見られなくなったときに、患部の皮膚が引っ張られないように左右から寄せるようにテープで保持をした※。このとき、皮膚にかぶれなどの炎症が発生しないように、皮膚への刺激性が少ないシルキーポアというテープを使用した。

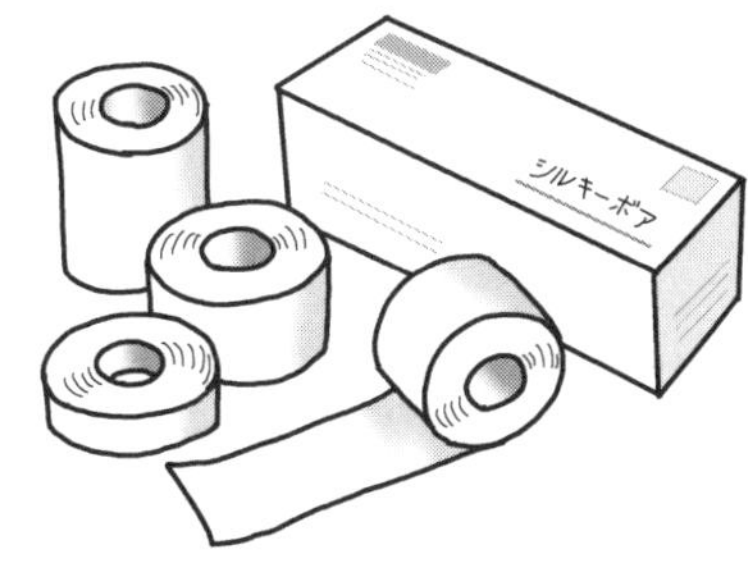

※参考『最新！褥瘡治療マニュアル―創面の色に着目した治療法（エキスパートナースMOOK 16）』福井基成　発行：照林社　発売：小学館

⑦うつぶせ寝の実施

途中から、床ずれにも効果があるという「うつぶせ寝」を実施した。毎日10分程度であったが、始めてから6カ月後に治癒したことから、大きな効果があったのだと考えられる。

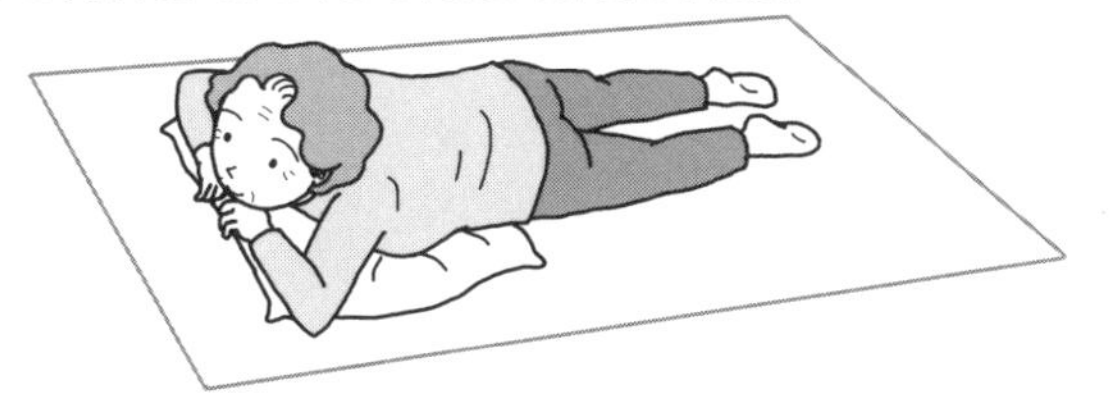

⑧体位変換

既定の2時間ごとではないが、1日5回実施していた。（5回中2回はベッドの角度変更で対応）

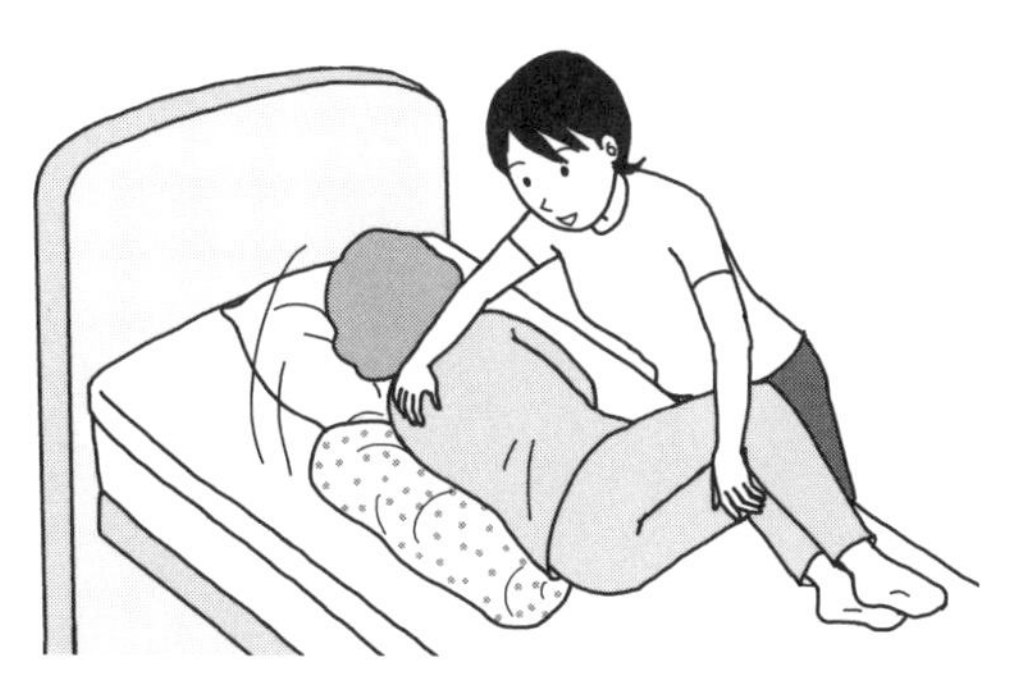

これらの経過については、医学書院の看護雑誌『訪問看護と介護』2002年9月号に掲載されています。

2時間ごとにこの作業をするのはとても無理なことです。社会サービスに依頼したところで、夜も毎回起こされることになるので、これも現実的ではありません。母の場合にどのように対応したかを紹介します。

床ずれは、一定以上の圧力が同じところに長時間かかることで生じると紹介しました。体位変換は「同じ部位に圧力が継続しない」ようにして床ずれを予防するものです。母の場合には、もうひとつの要素である、「圧力を小さくする」ことでも予防の効果が期待できるのではないかと考えました。このために、ブレスエアーを使用し、患部に直接物が当たらないように、クッション類は骨ばったところを避け、筋肉の多いところに当てるようにしました。ブレスエアーの耐圧分散効果が大きかったこともあり、結果的に2時間ごとの体位変換を行わなくても床ずれの悪化は見られませんでした。

もちろん慎重に、母の状態を確認しながら実施しましたが、夜間は7時間もの間同じ体位でありながら問題は発生しませんでした。このことで、介護者が7時間の睡眠時間が取れて、介護を継続するための体力的・精神的な余裕を持つことができました。

いま行っている介護の方法が、必ず行わなくてはならないものかを見直すことも、介護の量を減らし、介護をする人・介護を受ける人の負担を減らすことにつながることを実感しました。

第4章
認知症の介護で大切なこと

どのようなことが起こったのか

1　亡くなった夫への思い

母は、夫が亡くなったことがどうしても理解できないようでした。私が母の家に何回か泊まるようになってから、「昨日、お父ちゃんが帰ってきはったんやけど、朝になったらどっかへ行ってしもて、いやらへん」と話すことが多くなりました。きっと、私を夫と勘違いしたのだろう思います。私が「お父ちゃんは、ずっと前に亡くなっている」と言うと、「亡くなったんは、わかってるんやけど、どこへ行ったんかがわからへん」と答えます。また、「今頃出てきたら幽霊や」と言うと、心細かったのか「幽霊でも何でも出てこれるんやったら、出てきて欲しい」とまで言ったことがありました。また、夜に布団を2組敷くことが増えました。何でだろうと母に聞くと「お父ちゃんが、いつ帰ってきてもええように敷いている」とのことでした。あるとき母が、「私、お父ちゃんにきつかったやろか」ともらしたことがあります。母は、家のこと一切を気丈に取り仕切っていましたので、その間のやり取りで、そんなことを誰かに言われたことがあるのか、母らしくない言葉でした。こんな母の様子を見ていると、なんだかかわいそうに思えてきたことを思い出します。

2　イジョウ

あるとき、母の資料の処理をするうえで、株主番号を知る必要が生じました。母に電話をし、証券会社からの資料を出してもらい聞き出そうとしましたが、株主番号がどこに載っているのかがわからないらしく要領を得ません。それで、中の書類を全て順番に読み上げてもらうことにしました。「………イジョウ。………イジョウ。………」。計算書の集計欄にイジョウとカタカナで書いてあるのを何回か読み上げるうちに「これイジョウが多いな」と電話の向こうで独り言を言っています。「以上」を「異常」と取り違えているので、思わず笑ってしまったのですが、後になって母は自分の診断結果と勘違いしていたのではないかと思い至り、そのときの母の不安な胸の内を知りました。

3　料理のこと

母は、昔から料理も得意で、お祭りには鯖寿司、お彼岸にはおはぎ、年始はおせち料理とどれも美味しく、鯖寿司やおはぎは知り合いにも配っていました。物忘れが始まってからも、隣に住む弟たちの食事を作ることもありましたが、症状が進んでくるにつれ、弟からは「昨日はカレールーのないカレーライスやった」とか「晩ご飯はおはぎだけやった」などの話も聞くようになりました。また、母のいとこから私に「このあいだ、みよちゃん（母のこと）が、棒だらの炊き方を何回も問い合わせてきたんで、心配している」と電話があり、家での様子を報告しました。おせち料理は、それまで母がほとんどひとりで作り上げていたのですが、それとなく妻が手を貸しながらの作業になりました。当時の写真には、作業をしている妻のそばで、不安そうな顔の母が写っています。

4　入院先からの脱走

痙攣（けいれん）して嘔吐が続いたときや、肺炎で高熱が出たときなど、S病院へ入院していました。

食事に関して、看護師さんは忙しく、ひとりのために食事介助を続けることも大変だと思い、1日2食は家族が付き添うようにしていました。夜間については、当初6人部屋へ入院していましたので、家族が付き添うわけにはいかず、病院からも完全看護なので大丈夫ですからとのことで、付き添いはしませんでした。

ある朝、入院先へ到着すると、同じ部屋の入院患者さんが私に「今朝、大変やったんよ」と話をしてくださいました。その日の未明に、母が行方不明になり、夜中の2時半ごろに病院から出て行こうとするところを守衛の方に呼び止められ、入院部屋へ戻されたらしいのです。「小さい子どもの食事を作らないといけないので家に帰らないといけない」と母が言ったらしいのですが、こんな時間にどうもおかしいと、守衛の方が詰め所に連絡をとっていただいたとのことでした。

また、別の入院時にも脱走がありました。私が到着すると母がいません。看護師さんに聞くと、さっきまでおられましたよとの返事。心配になり、隣の患者さんに聞くと、今さっき荷物をまとめて出られたところですよとのこと。すぐに病院の中をあちこち探していると、階段の上の方から「こっちや、こっちや」と手招きしている母を発見。朝、目を覚ましたら周りは知らない人ばかりで不安になり、帰ろうとしたらしいのです。こんなことが何回かあって、その後の入院では、個室をお願いするようになりました。

5　通常の行き先

ふだんの生活の中でも、何回か行方不明になりました。待ち合わせをしたのに、出かけてみると待ち合わせの場所がわからなくなることなどが原因のようでした。はじめはわけがわからず、たいそう心配しましたが、そのうち、行く先が何となく予想できるようになりました。母の実家やきょうだいのところへ出かけたときは、事情を知っておられるので私のほうへ連絡が入りました。また、毎年夏に私が母と出かけていたコースがありました。お墓へ参った後、六道珍皇寺（ろくどうちんのうじ）へ鐘を撞き（精霊を迎える）に行き、母の実家のお墓である東大谷（ひがしおおたに）へ墓参りをするコースです。母は、ほとんどの場合、このコースのどこかあるいはきょうだいの家で見つかりました。日頃からお墓を大切にしていましたので、お寺は母の気持ちのよりどころになっていたように思います。

6　尾行の失敗

母の行方不明で、今から思い出してもぞっとするような体験をしました。1月初めに母が介護を受けている京都市から枚方市にある私の自宅へ来たときのことです。枚方で2泊したあくる日のこと、いつになく家に帰ると言わないので、もう1泊してもらおうと考えていた矢先、急に帰ると言い出しました。「孫に土産を持って帰る」と言ってイライラしています。私が送っていくと言うと、ひとりで帰ると怒り出しました。しかたがないので尾行することに。

母は、迷いながらも枚方市駅までひとりで歩いていきました。駅までの道を覚えてくれていたんだと感心していると、ウロウロしています。駅が高架になっていて、以前に何回か来たころとは様子が異なっていた関係か、間違った方向へ歩き出しました。後を追いましたが、母は様子が変なのに気がついたのか急に振り向きました。見つかっては大変とビルの中に入り、母が通り過ぎた後に尾行を続けようと思いました。しかし、母は来ません。元の方向へ歩いていったらしく、姿が見えません。完全に見失ってしまって慌てました。しばらく近くを探してみたのですが見つけられず、警察に保護願いを出し、京阪電車と弟や親戚の家へも連絡し、妻と近くを探しました。

長い時間がたっても見つかりません。その夜は本当に寒く、母が歩いていった行き先は淀川の川原へ通じるものでした。最悪のことが頭をよぎり、ひと晩中自転車を走らせても探し回ろうと思っていた矢先の10時半ごろ、警察からの電話で母が保護されていることを知りました。

警察で見た母は、ニコニコして私に手を振っていました。聞くと、紡績会社の保安員であるNさんが連絡をとってくださったそうです。会社に入ろうとする母との会話は「どちらへ」「家にちびさんがおります」「家はどこですか」「この道を渡ってすぐそこです」。そんな会話の後、母は話と反対のほうへ歩き出し、また戻ってきて会社に入ろうとします。このときNさんは認知症のことが頭に浮かび、警察へ連絡を取ってくださったそうです。

Nさんにも同年代のお母さんがおられ、足を引きずりながら歩く母の姿に身をつまされ、涙が出たと話してくださいました。母はこの間6時間も歩き回っていたことになります。Nさんの的確な対応がなかったらどうなっていたかと思うと、今でもぞっとします。このことで、絶対に母から目を離してはいけないとの教訓が身にしみました。私の至らなさで、いろいろな人に迷惑をかけ、申し訳ない気持ちで一杯になりました。

後日、尾行ができない私は、私立探偵にはなれないなあと、妻と笑い合いました。また、これも後で聞いた話ですが、弟は母を捜しにお墓へ行った夜に、野犬にほえられて怖い目をしたそうです。

7　パッチワーク

真剣に取り組む母の様子

母の症状を見るにつけ、何とか良くしてやれないかと気をもむ日々が続き、リハビリをしてみようと考えました。体を動かすようにと、外来診察の帰りに伏見稲荷へお詣りをし、山の上のほうまで登りました。弟は母の調子がよいときに映画に連れて行き、愛宕山の登山にも連れて行ってくれました。母は、何度も休憩を取りながら何とか登りきったそうです。この後は、足にも自信が戻ったのか、調子の良い日が続きました。他にも、ジグソーパズルで頭を使うなどいろいろなことを試してみましたが、そのなかで母が熱心に取り組んでくれた事例について紹介します。

指先を使うことが頭にもよい影響があると知り、妻と相談して、母が得意だった針仕事をやってみようと思い立ちました。母が私の家に来た折、駅前にあるパッチワーク教室へ行くことを勧めてみました。母も了解してくれたので、数日後に母が来たときに申し込みに行こうとしたところ、「そんなん、お金まで払ってなんか、行かへん」と言い出

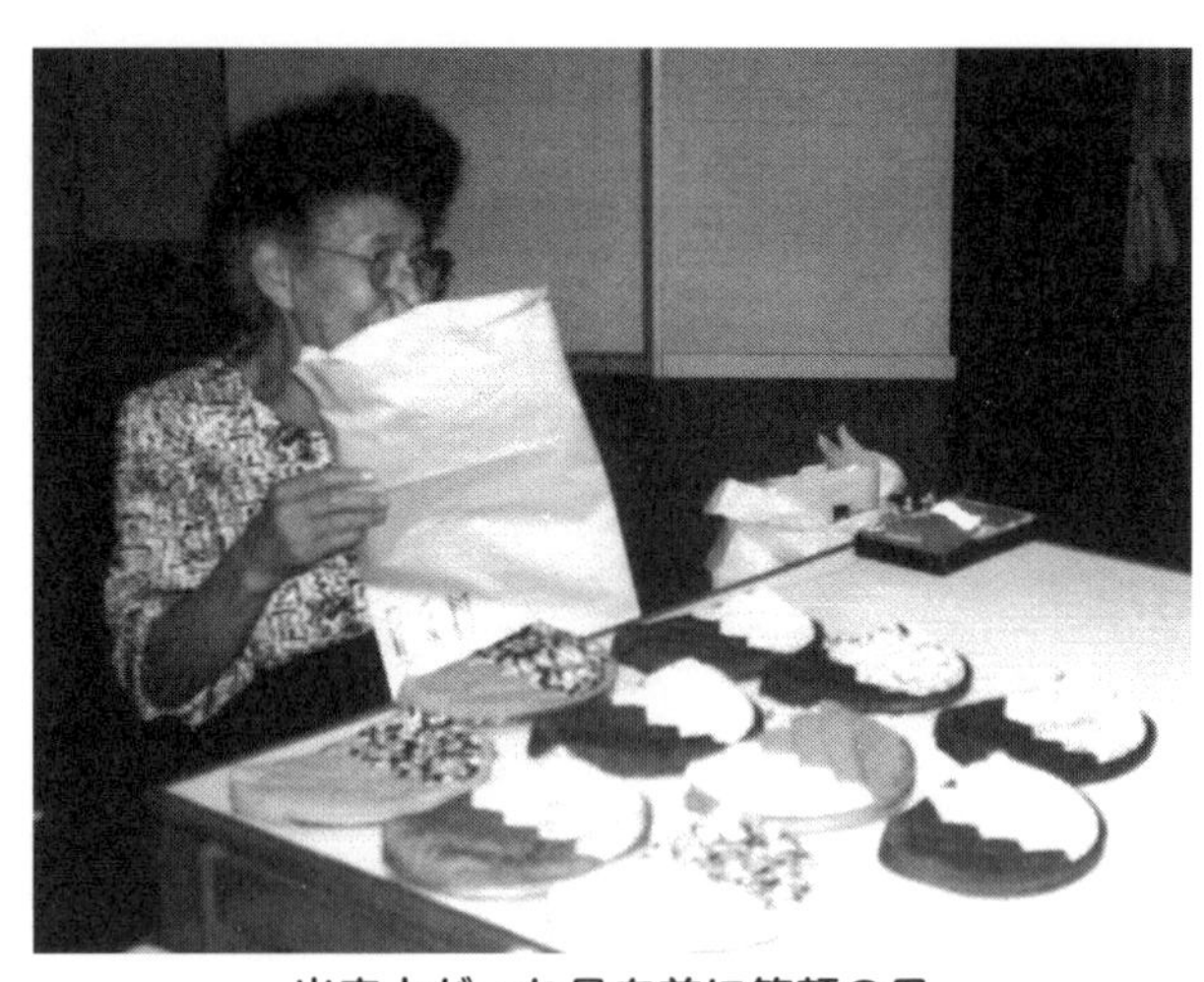

出来上がった品を前に笑顔の母

しました。また駄目かと思いましたが、何とかいい方法はないかと妻が思案し、サークルの仲間にパッチワークでの小物作りを教えてもらい、これを家で作ってみようということになりました。

　また母が逃げ出さないようにと口実（大義名分）も考えました。この時期、半年後に父の十三回忌の法要を私の家で行うことになっていました。今まで、法事に配る粗供養の品には、いつも母が好んだ香蘭社のものを選んでいました。そこで、「買ったものばかりでなく、手作りのものを加えたほうが気持ちのこもった法事になるんと違うか」と話し、母もその気になってくれたようです。枚方に来る日も多くなり、いきいきした様子で針仕事をするようになりました。裏地やチャックの取り付けなど難しいところは妻が仕上げ、パッチワークの小物作りは順調に推移し、私も含めて3人で合計20個ほどの作品を作り上げました。

　余談ですが、この時期に弟から電話で「お母ちゃんがお兄ちゃん（私）のことをケチやて言うてるで。粗供養を自分で作って金をつかわんようにしているると言うてるわ」と連絡が入り、大笑いをしました。法事ではこの作品も話題になり、来てくださった方々にも喜んでいただきました。

後になって、母の資料を整理していると、この法事に招待する人の名前を書いたメモ用紙があちこちから何枚も何枚も出てきました。実家を離れた長男宅での法事には、母の特別な思い入れがあり、母もパッチワークに一生懸命に取り組んでくれたのだと思い至りました。このことがあって、母のリハビリには「口実（大義名分）作り」が私と妻の合言葉になりました。この期間は、他にも、法事用の座布団や人形用の小さなサイズの布団や枕、置物用の敷物などを、口実をみつけては母に作ってもらいました。

8　我流のリハビリ体操

他にも、できるだけ母の頭の状況や体力を維持しようといろいろなことを試みていました。S病院の医師からも「毎日の生活がリハビリ」との言葉を頂いていました。入れ歯が合わなくなりF歯科医院に外来受診を受ける際も徒歩で出かけました。徐々に足が弱り、そのうち帰宅時はタクシーになりました。その後、車いすでの往復になりましたが、帰りの道では、少しの時間ですが、車いすを自分で押してもらうようにしました。

また、家で洗濯物を干すのに2階へ上がるので、母も一緒に上がってもらいました。足が弱った母には、階段は無理だと思いましたが、母のお尻を頭で支えながら、1歩ずつ進めるので、思ったより平気でした。排せつ介助をするときは、離れたトイレまで母を歩かせてしゃがませ、紙を与えて自分で拭かせてみます。自分では拭き取れないので結局介護者が拭くのですが、母が自分でできるところまでやってもらおうと考えていました。立ち上がることや、紙おむつ・パンツをはくことはできなくなっていたので、介護者が片手で母を支えながら介助をしました。当時、パンツタイプの紙おむつは販売されていなかったので、作業には大変な労力が必要でした。

その他、母が好きだった鴨川の川原へ散歩に出かけ、一度でも反応を示した曲などをカセットに入れ、ウォークマンで聞かせていました。生活行動でのリハビリの他にも、私が介護当番の日には、40分ほど時間をかけて我流のリハビリを行っていました。母と私の足の裏を合わせて手を掴み、舟こぎのように伸ばしたり、母を私の腹の上にあお向けに乗せて体を伸ばして反らせたりと、かなり大胆な運動をしていました。

この時期、NHKの放送で植物状態の患者を看護の力で蘇生させる番組※が紹介され、思い切ったリハビリの方法を見て、私のしていることも、それほど間違っていなかったのではと、自信を与えてもらいました。このビデオは、その後もときどき見ることで、私に大きな力を与えてくれました。

※札幌麻布脳神経外科病院の活動紹介「あなたの声が聴きたい」１９９３年　ＮＨＫ

認知症の症状

１　認知症に対する不安

認知症の進行具合は、ひとりひとり異なります。そして、とんでもないことが毎日繰り返されます。まだ原因もわからず、どのようなことが起きるのか、わからないことが多くあります。こんなことがいつまで続くのか、これからどんなことが起きてくるのか、これから先どのようになって行くのか、わからないことばかりで、本当に不安になります。しかし、本人は久し振りに会う人や電話への対応などは、結構しっかりしています。

久し振りに来た身内のものが、聞いていたより元気な様子の本人を見て、介護者を責めてしまうことも多く見られます。このことが、介護者を孤立させ、やりきれない気持ちにさせてしまいます。頑張っているのに、誰もわかってくれない状況がこの先いつまで続くかわからないとの思いが、介護者を追い詰めます。

2　何もわからなくなるのか

認知症になったら何もわからなくなってしまうのでしょうか。私も、母が認知症になるまでのイメージといえば、いわゆるボケてしまっておかしくなり、異常なことばかりをして、何もわからない状態になるのだと思っていました。しかし、介護をするようになって、どうもそうではないなあと思うことを幾度か経験しました。母の様子を見ていると、おかしくなって何もわからなくなっていると思えるときと、まったく普通のときとがあるのです。

初めは、何もわからなくなったと思って、母のそばで認知症のことを話していると急に怒り出すこともありました。顔の表情の変化も少なくなってくるので、この面からもわからなくなっていると思っていたのですが、撮影した母の顔を後で見てみると、結構元気そうな、また嬉しそうな顔で写っています。当時は私自身に、母は何もわからなくなっているとの先入観があったためか、母の顔の変化に気づきにくかったのだと思います。

長い期間が経過し、母が寝たきりになって会話もできなくなり、ほとんど動かない状態になりました。もう何もわからないだろうと思っていると、急に足を動かしたりします。わかっているのかなあと思い、声をかけると、また足を動かします。寝ているとき以外は、ちゃんと反応してくれているようです。ホームヘルパーさんがおられるときこの話をすると、本当かな?というような顔をされます。そこで、私が「おかあちゃん、足を上げてみて」と声をかけると母は、元気なときには膝から、つらそうなときでも足の指先だけ動かしています。これをみたホームヘルパーさんは、「わかってはるんや」と驚かれ、一緒に喜んだこともありました。

一般的には、植物状態に近い状態で何もわからないだろうと思われる様子でしたが、私の感じたところでは、母は最期まである程度のことをわかり、特に私に関することについては、すべてのことをお見通しだったのではないかと思っています。

3　まだらぼけ

おかしなときと普通のときがあることは、「まだらぼけ」といわれる症状で、今なら理解できるのですが、当時はどうなっているんだろうという感じでした。おかしなときは、頭の線が切れているのではないかと思うほど宇宙人状態です。普通のときは、線がつながっているると思えて、まったく通常の状態です。介護の初期には数カ月ごとに宇宙人状態になり、その間隔がだんだん短くなっていきました。おかしくなってしまったと嘆いたり、いややっぱりおかしくなっていないと安堵したり、一喜一憂の毎日でした。このように正常と異常がまだらに発生するので、気づかずに母の異常な行動などを話していれば、母は自分がおかしなことをしている、ボケ始めているということを知るようになります。

母は自分のことをわかっているので、そのことが母を追い詰めていき、さらに状況を悪くします。今まで普通だったのが急に変化するので、介護者はわけがわからずイライラします。書物には、説得をしないように、ひとつひとつ丁寧に対応するようにと書いてありますが、頭でわかっていても実際にはやっぱり腹が立ってしまいます。こんなとき、ある書物に「…………急に人格者にもなれず……」とあるのを見つけて、そうだ、100%をしようとしても無理なんやと気が楽になりました。イライラするのも正常、自然体でできるところまでやろうと初心を思い出していました。

4　物忘れと周辺のこと

母がまだ元気なころ、炊飯器をガスコンロに乗せてコンセントを探していました。その光景を見た私は、「とうとう母もここまで来てしまったか」との思いを持ちました。どう考えても異常な状況です。「何をしているんや」と母に聞いてもきょとんとしています。

あとになって、そのときの母のことを冷静に考えてみると、米の分量を量ること・米をとぐこと・水分を調整して入れること・炊飯器で炊くこと・コンセントを挿すこと・（昔は）お釜を使いガスコンロで炊いていたことなど、お米を炊くことのほとんどのステップは覚えているのです。ただ、ガスで炊くことから炊飯器に変わっていたことだけが理解できていなかったのです。たったひとつのことを忘れただけなのに、ものすごくおかしなことをしているように思いがちです。周りにいるものがこのことを理解しないで、母がすべての面でおかしくなったとの認識で対応すると、それがまた新たな異常を生み出し、事態をますます複雑にします。このことは大変重要なことで、認知症の人の行動を理解しようとするときに、少しは役立つのではないかと思います。

認知症の人との接し方

ここでは、認知症の人との接し方について、キーワードになるような事例を紹介したいと思います。

1　グループホーム勤務のFさんの話

母の介護に来てくださっていたホームヘルパーのFさんの話です。彼女は仕事に出るのも初めてのことで、しかもホームヘルパーになってすぐに母の介護を担当されたそうです。慣れないなか、重介護を担当し、本当に誠心誠意頑張られて、すばらしいホームヘルパーとして活躍されるようになりました。その後、いったん仕事から離れられたのですが、私とはその後も連絡を取りあっていました。

数年後、彼女が仕事に復帰されることを聞きました。今度は、友人とともにグループホームの職員として働くとのことでした。時が経過して、彼女から仕事の様子を聞いていたなかで、認知症で入所された多くの利用者が、入所してすぐに顔つきが変わると話されるのです。

しばらくして訪れた利用者の家族が驚かれるほど、元気な様子になられるとのことでした。そのときは、「なんでだろう」と思っていました。

そんなとき、母の介護をお願いしているホームヘルパーさんから、「遠方に暮らしている自分の母が認知症になり、どのようにしていいのか戸惑っている」との相談を受けました。このとき、Ｆさんの話を思い出し、Ｆさんに来ていただいて、私の母の家で話し合いを持つことにしました。いろいろ話をしたなかで、最後にＦさんが言われた「いろいろなことはあるけれど、とにかくその人を包み込んであげてください」との言葉が印象に残っています。気持ちの優しいＦさんらしい言葉で、そのような気持ちが認知症の人の気持ちを和らげたのだと思いました。

2　デイサービスでの私の勤務経験から

母が亡くなった後、ホームヘルパーの資格を取るための講座のなかで、Ｋデイサービスセンターの施設で３日間介護実習を経験しました。実習の立場ということもあり、ひとりひとりにじっくりかかわりながら介助を体験することができました。送迎・入浴・衣類の着脱・食事・レクリエーションなど多くの介護を体験しました。食事介助では嚥下不良の利用者への食事介助も体験させていただきました。母への経験があったためか、時間はかかりましたが何とか全部食べてもらえました。3日目、利用者に挨拶をしに廻っていたとき、母と同じような年齢の方から「あんたはいつもニコニコしていて、見ているだけでこっちもニコニコしてくる。どこで働いても、大丈夫や」との言葉をいただきました。実習の身で、時間的にも余裕があったので、時間を見つけては利用者の話をじっくり聞くようにしていましたので、このような言葉をいただいたのだと思います。

これらの経験を経てホームヘルパーの資格を取り、あるデイサービスセンターで働き始めました。還暦を過ぎた私の体力を含めた能力不足で、長くは続かなかったのですが、その中でひとつ嬉しかったことがあります。

勤務先の若い上司から「浅野さんが来られてから、○○さんや△△さんが、おとなしくなられた」との話をいただきました。これらの方は、男性で、いわゆる問題行動が多く、対応に困ることが多くあったそうです。勤務につき始めで、仕事もてきぱきできない私は、利用者の話をじっくり聞き、ひとつひとつの世話を利用者の気持ちに沿うように心がけ、できるだけゆっくり対応していました。年齢の近い同性に世話をしてもらうことで落ち着かれたのか、ゆっくりしたテンポがそれらの人に合っていたのかはわかりませんが、結果的に以前に比べて落ち着かれたことは本当に良かったと思います。

３　受け止め手の存在

ある書物に興味深い記事を見つけました。[※]概略次のようなものです。

人間は生まれてくるときは「いる」だけの存在で、やがていろいろなことを「する」ようになり、何かを「できる」ことがその人の価値を決める基準となります。そして、高齢になると、「できる」ことが減少し、やがて「いる」だけの存在になるのだと分析されています。しかし、本人も世話をする者も、この「いる」だけの存在に戻る変化をいつまでも受け入れることができなくて、大きなストレスを抱えます。「いる」だけの存在のときは、何もできないので、そのことをいろいろな形で表現します（イノセンスの表出）。そのときに、それをしっかり受け止める存在（母なるエロス）がない場合には、そのことが、子どもが切れることや高齢者の異常行動の要因になるのではないかと分析されています。

この話は私が認知症を理解するうえで、大きなインパクトとなりました。Ｆさんの話や、私の介護事例でも、しっかり受け止め包み込むことの大切さを感じていましたので、本当にそうだと思った次第です。

※『老人介護とエロス―子育てとケアを通底するもの―』三好春樹・芹沢俊介共著　雲母書房

第5章
在宅介護を経験して

医療のことはわからない

1　医療知識のなさ

在宅介護を始める事例では、家族介護者が医療の知識を持ち合わせていない場合が多いと思います。私も経験したのですが、何かトラブルが発生したときに、介護の問題であれば、ある程度の想像がついて、それなりの対応ができるのですが、医療のこととなると、専門の知識もなく内容がまったくわからないことに不安を感じます。

しかしながら、在宅介護では病院や福祉施設のように医療関係者がすぐそばにいる状況ではありません。したがって、対応は医療知識の乏しい家族が行います。この状況では、家族介護者に正しい医療処置や症状の知識を指導すること、また家族が必要な医療知識について習得することが重要になります。今から思えば、母の場合は、床ずれの発生に伴う医療的な介護が増えてからは、保健所の訪問指導員であるN看護師が対応され、やがて訪問看護師に引き継ぎが行われ、以後の介護期間を通じて、医療者の目で母を見守っていただいていたと思います。同時に、それぞれの看護師から医療に関する知識をいただき、正しい処置についても指導をしていただきました。

欲を言えば、予防の観点で、もっと早くから医療関係者に入ってもらい、目を光らしてもらっていれば、床ずれの発生を抑え、拘縮（こうしゅく）の進行を予防することができたかもしれません。今の介護保険の状況では、医療処置が必要になってはじめて訪問看護が組み込まれることになると思いますが、高齢者介護では予防に力を注ぐことが大きな効果をあげることになると思いますので、できるだけ早い時点から、日常的に看護師が訪問する状況ができるのが良いのではないかと思います。

2　いつもと違う様子の把握

排便介助をしているときに、ホームヘルパーさんが「みよさんの便の臭いがいつもと違う」と私に話されました。そんなことに気がつかなかった私は驚きましたが「子どもの世話をしていたときの経験や」と話されました。介護の初期に参加した「痴呆性老人を支える家族の交流会（京都市独自の会）」で故早川一光（かずてる）先生が話された「母親は子どもの名医なり」という言葉を思い出します。毎日介護を続けている家族には、医療の専門的なことはわからなくても、「いつもと違う」感じはわかります。

母の例でいえば、体温を測って38℃の熱があったとしましょう。医療的には、これは大変なことだと思われます。しかし、母の顔を見てみると、38℃の熱があっても、いつもと同じようなしっかりした目をしていて、平気な顔でいるときがあります。熱が皮膚の表面にこもって、高熱の計測値になるようです。こんなときは熱のこもりを取り除き、30分ほどして再度検温をしてみると平熱に下がっています。毎日見ていると、そのようなことがわかるようになります。しかし、同じ38℃でも目がとろんとしてしんどそうなときは、いつもと異なる症状です。家族は、いつもと違う、様子が変だということに気づくことが大切で、早期に医療関係者に連絡し、早い対応を取ることで、安定した介護生活を送ることができます。

3　転院勧告を受けたときの気持ち

母に床ずれができて、S病院から転院を勧められました。勧められたところがいわゆる老人病院で、どんなところかわかるようになっていた私たちは、この病院ではもう診てもらえないと思いました。当初は、母をこの病院で看取ってもらうつもりで、受診を決めました。父も、S病院で看取っていただいたので、母も同じように考えていました。

ところが、当時とは異なり、医療と介護の対応について、それぞれの病院や各種福祉施設の役割が設定されていました。多くの急性期患者を早期に治療する病院、医療処置のある患者を預かるところ、退院後自宅での生活を可能にする支援を行う施設、高齢者の入所施設である老人ホームなどです。

S病院は、高機能急性期病院なので急性期の治療が終われば退院しなければなりません。また、治療後は生活の支援が中心となり、介護が必要になると、S病院とは別の目的の病院へ移ることになります。今から思えば、K医師の転院の勧めは当然のことだったのだと思いますが、当時の私にはそのようなことはわかりませんでした。ここで看取ってもらおうと思って受診をしていた病院から、厳しい口調で転院を勧められると、医療から見放されたとの思いを強くし、どうしてよいのかわからなくなってしまいます。

そんなことなら始めからきちっと説明しておいていただいたら、こんな惨めな気持ちにならなかったのにと思いました。このままではいけないと途方にくれ、妻とふたりで絶望感を味わいました。その後何とかしなければと、あちこちに相談し、助けを求める行動を取りました。結果的には、すばらしい開業医と出会うことができましたが、このときに、病院は預かり看取ってもらう所ではないと肝に銘じました。

その後、私たちだけでなく多くの人が同じような経験をし、つらい気持ちを味わっておられることを知りました。

4　栄養の補給量

訪問看護師のHさんから、次のようなお話をお聞きしました。

「長く療養をされていて鼻から管を入れ栄養を摂取されている患者さんに、むせるあるいは嘔吐などのトラブルが多く発生するようになりました。これらの状況に対し、医師から1日の投与カロリーを800キロカロリーに減少するように指示が出ました。何もしなくても1200キロカロリーは必要（基礎代謝）だと知っておられた家族は、このような状態の患者には、必要最低限の栄養も入れてもらえず、医師から見放されたのではないかという懸念を抱き、悲しい思いをされていました。この様子を見られたH看護師さんが、患者さんに私の母の事例をふまえて次のような話をされました。

『ADL（日常生活動作）がもっと低い患者さん（母のこと）が1日当たり1000キロカロリー（／1000ml）の投与を受けていて、むせや咳込みが多く発生するようになりました。これは長い寝たきり状態で、小さくなった胃の消化能力に対して投与量が多すぎ、かえって負担になっているのではないかと思い、医師に相談し、医師の指示で、一気に1日当たり

750キロカロリーに減少されました。

その結果、むせや咳込みが減少し、心配していた体重の減少やその他懸念された影響も無く、安定した状態が続くようになりました。その後、いろいろな取り組みを経て、現在では1日当たり700キロカロリーの投与でありながら皮膚のつやなどの状態も良好で、体重もむしろ増加し比較的安定した状態で推移しています。むせて嘔吐などを繰り返すより、投与量は少なくてもしっかり栄養分を吸収することも大切です。他にも、もっと投与キロカロリーの少ない患者さんもおられ、その方たちも安定して過ごされています。したがって、今回の処置は決して「見放された」と家族が心配されたような理由ではないと思います。』

この話を聞かれた家族の方は、『長く介護を続けてきたが、あなたのような説明をしてもらったことは初めてです』と話され、納得し安心されたようです。その後の経過も順調で、咳込みなどのトラブルも減少し、安定して過ごされているそうです。看護師さんに対する家族の信頼度も増し、打ち解けた対応をされるようになりました。」

H看護師さんは、私に「みよさんの経過や状態をよく知っていたおかげで、裏付けがあり、自信を持ってお話しすることができました」と感謝の意を表されました。

5　医療から見放されるという感覚

紹介した事例に見られるように、医療関係者からの言動は介護者に大きな影響を与えます。詳しい知識を持っていないこともあり、医師や看護師からの説明が適切でないと、大変不安な気持ちになります。在宅介護を行っている家族にとって、いつも付きまとっているのは、医療から見放されるのではないかとの不安な気持ちです。私たちは、I医師・M看護師・Oマッサージ師という、すばらしい医療関係者に出会い、医療に関する不安から解放されました。このことは、長い介護生活を続けるうえで、私たちに本当に大きな安心を与えてくれました。

大変さを救うものは

1　理解者の存在

認知症の介護では、介護者が孤立し追い詰められることが多くあります。認知症特有の症状について、世間的にもあまり知られておらず、もの取られ妄想などでは介護をしているものが悪者になってしまう事例も多く見られます。介護者が一生懸命に尽くしているのに、このような状況になると、耐えられないほどつらい気持ちになります。こんなとき、自分のことをわかってくれる人がいてくれると、本当に救われます。

特に、同じような介護を経験された人や、認知症の症状や介護のことをよく知っておられる方に出会うと、本当に大きな力になります。私の場合は、何といっても私のことを、また母を取りまく介護環境をよく知っておられる多くの方の存在がありました。これらの人々のチームワークに支えられているという実感があり、介護をするうえでの安心をもらっていたように思います。

私自身も、近所のKさんを初めとしていろいろな人に、私の経験で得たものを伝えてきました。私がそうであったように、ほとんどの場合、話をじっくり聞いてあげることだけで、その人の顔が見る見る変わっていくのを、幾度も見ました。介護者にとって、わかってもらえる人の存在は、本当に大きな力になります。

2　介護量の減少

認知症の介護では、介護のボリュームが多いことが介護者の負担を大きくします。医療行為が増えてからは、在宅介護では、夜間も含めて病棟の看護師さんの仕事と同じようなことを家族介護者がひとりで行うので、負担は相当なものがあります。社会サービスといっても訪問看護の場合は、1週間に4～5時間程度です（これは特別に多い事例だと思います）。

ホームヘルパーさんにしても1日90分程度なので、時間的にはほとんど家族の対応になります。私も、今から振り返ると「よくもあんなことができていたなあ」と思うくらいの作業をこなしていました。それでも、同じことを繰り返し行うと、それなりのリズムが生まれ、慣れることにより大変なことでも続けられるようになります。しかし、ぎりぎり一杯のところで頑張っているので、本人の気づかないところで精神的にも肉体的にも疲労がたまっています。この状況で、簡単なことでも作業がひとつ増えると、慣れるまでかなりつらいものがあります。一方、作業がひとつでもなくなると気持ちも体も少し楽になります。したがって介護の負担をなくすというのは大きな意味を持ちます。

しかし、介護を減らしても母にとって良くない状況になることは、なかなか受け入れられません。そんなことになるのなら、大変でも今まで通りの介護を続けようと思います。したがって、母の排便事例のように、母にとっても介護者にとっても良いと思える方法で、介護の負担が減っていくことが大事です。

3　訪問看護の役割

母の介護で中心的な役割を果たしていただいたのは、訪問看護活動でした。もちろんその前段階で、保健所の訪問指導員（看護師）にもお世話になりました。母の介護のほとんどは、これらの看護師から指導を受けました。入浴方法・蒸しタオル清拭の方法・床ずれの治療・肺炎の予防・排便方法の指導・緊急時の対応・口腔ケア・かぶれの防止・爪水虫の治療・人脈の紹介・よろず相談などなど、本当に多くのことでお世話になりました。

その働きのお陰で、医療や介護のことを何も知らなかった家族が、大きな間違いもなく安心して介護を続けることができました。緊急時には医療保険での特別指示書にもとづき毎日訪問され、ホームヘルパーさんや家族介護者に正しいケアの方法を指導するなど、状況に応じて的確な対応をしていただきました。また、新しい観点からの介護方法も実践していただきました。今から思えば、もっと早くから母の介護に関わっていただいていればよかったとの気持ちが残っています。

在宅介護では、医療の知識とともに介護の知識や人間に対する感性も必要です。訪問看護は、この点から考えて、社会サービスの中で一番いいポジションにある組織だと思います。私の個人的な意見ですが、これからも、訪問看護組織が、在宅介護のキーステーションとして活躍されることが好ましいのではないかと思います。

4　経済的基盤

在宅介護は、ある意味、家族の負担の上に成り立っているところがあります。介護をすることで、それまでの仕事に影響を及ぼし、収入が減少することも考えられます。私たちのように、他府県から通うことでも、かなりの交通費が発生します。これらについては、すべて家族介護者の負担です。これらのほかに、介護そのものにも費用が発生します。介護保険の1割（所得によって2～3割）負担や入院時の費用、常時使用する医療品の購入費などがあります。

例えば、メディエフ アミノプラスという栄養補助剤を使っていましたが、1日ひとつだけを使用しても、1カ月に5千円近くになります。この商品は医療保険の対象品に指定されていないので実費購入になるからです。また、尿をためる袋や多く使用するガーゼなどの医療備品にも結構費用がかかります。

先に述べたように、母の家の光熱費なども結構かかります。室内環境を整えるために、加湿器や除湿機、エアコンやファンヒーターなどを24時間継続して使用します。これらは大変な金額になります。

母は誰にも扶養されていない独居老人の資格でしたので、医療費についても手厚い保護を受けていたのですが、それでも負担は結構ありました。それらは、母の年金や生命保険、備蓄などを取り崩しながら介護を続けていました。私自身の収入については、取引先の絶大な支援を受けて、ほとんどの介護期間について仕事を続けることができました。もちろん収入は減少したのですが、大きなバックアップになりました。このことは、本当に恵まれていたことだと思います。

5　体と心の安全弁

在宅で介護をしようと思う人は、誠実で真面目なだけに、何でも自分でかぶってしまいがちです。自分にかかっている負荷もよく理解しないまま頑張ってしまいます。体も気持ちも追い詰められていることに気がつきません。このような状態で介護を続けていれば、やがて体力的にも精神的にも立ち行かなくなります。そうならないためにはこれらを和らげることが大切になります。

私自身の安全弁について考えてみたいと思います。はじめに介護に関しての考え方があります。できるところまでやってみよう、できなくなったらいつでも諦めようとの気持ちを持っていたことは、大きな安全弁であったように思います。また、介護者の体調不良などで介護の継続が難しくなった事態を想定し、特別養護老人ホームに早くから申し込みをしていました(当時は申し込み順に入所が可能でした)。最後まで入所することはありませんでしたが、これも安全弁として力になりました。これらのことは、ある意味で気持ちの逃げ場になっていたのだと思います。

それから仕事も含めて、介護が始まるまでと同じ生活を続けることができたことも、大きかったのではないかと思います。生活のすべてが介護という状態にはならず、週に何日かは枚方の自宅で母の介護から距離を置く生活ができていました。このことで、体力・精神ともに癒されていたのではないかと思います。

また、母の介護を支えていただいた人たちも、私にとって大きな存在でした。何よりもいろんなことの相談にも乗っていただき、介護に関しての安心をいただきました。私の体も、その先生方に診ていただき、それぞれが介護者である私や家族介護者の体調にも気を配っていただいていました。医療的な面で母とともに介護者の体調について、安心できる状況を作っていただいていました。

また自分自身も、旅行や京都散策を楽しみ、風物詩を撮影するなどして気分転換をはかるようにしていました。特に、家族をはじめ関係者の支援を受けて、銀婚式の記念に新婚旅行と同じコースで数日間過ごしたこともありました。

このように、私には多くの安全弁が備わっていたのだと思います。このことが原動力になって、介護に集中して取り組めたのだと思います。

介護をする人が楽しくなければいい介護はできない

1　介護を受ける人の気持ちを理解することの大切さ

介護を受ける人の状態や気持ちがわからなければ、お互いの関係もうまくいかず、いい介介護はできません。介護は何のためにするのか、誰のためにするのかを考えたとき、介護される人の気持ちを知ることが一番大事なことだと思います。

母の介護で、わからないことばかりで戸惑うことが多かったのですが、妻が夏の暑い日に尿パッドを着けてみて、あまりの暑さに悲鳴を上げ、その上に大きなおむつを着けていた母の状況や気持ちが全くわかっていなかったことにショックを受けました。このことを教訓に、その後は車いすに乗り、吸引やタッピングを受けるなど、できるだけ母と同じことを経験するように努め、その体験をもとに私との年齢差を考慮しながら介護を行いました。このようにしても母の状況を100%知ることはできませんが、思いが伝わっていったのか母の様子が落ち着いていきました。もちろん、介護者の気持ちも落ち着いてきて、やがて介護を楽しめるようになっていきました。

よく高齢者は頑固だとか、言うことを聞いてくれないといわれます。母の介護でも、始めの2～3年は私もそのような思いでいました。例えば、食事介助で今まで順調に食べていたものが急に口をつぐんでしまったりします。意地悪でやっているのかなと思ってしまいます。しかし、本当のところは若いときのように、介護者に言われるようにはすらすらとできないのだろうと思います。

また、世話をしている人に迷惑をかけたくないとの気持ちから、本心を伝えないこともよくあります。本人が言うとおりにすると機嫌が悪くなり、戸惑ってしまうこともあります。日本人特有の奥ゆかしさだろうと思いますが、本人の話すことだけから本心を知ることはできません。

これらへの対応には、本人の様子をよく観察し、気持ちを推し量り、本人に合ったテンポで、本人が希望するやり方で介護することが大切だと思います。

2　いい人との出会い

社会サービスを受け始め、多くの人に出会いました。母の介護に関係してくださった方々は本当にすばらしい人の集まりでした。仕事は一流で、難局に出合うと、それを何とかしようと前向きに立ち向かわれるタイプの人たちでした。床ずれへの挑戦・排便への取り組み・拘縮の予防などすべての面で積極的な取り組みをしていただきました。私も設計という仕事柄か、難しいことを何とかしようという気持ちを持っているほうなので、多くのメンバーと一緒に、チームとして難局に取り組むのは楽しいことでもありました。知恵を出し合い取り組んだことがうまく行くと大きな喜びが待っていました。例えうまくいかなくても、また次の方法を考えることで、同じような喜びを感じていました。

それぞれのメンバーがどのような人だったか、いくつかの事例を紹介して、敬意を表したいと思います。

介護が順調であったあるとき、主治医であるI医師に「ここには、何でいい人ばかりが集まるのでしょう」とお聞きしましたところ「あのなあ、人は頑張っている人には力を貸そうという気になるもんやで」との返事が返ってきました。涙が出そうでした。この言葉は私にとって大きな力を与えてくれました。

ある土曜日の午後、母の体調がおかしくなり、迷いながらM訪問看護師に電話をしたことがあります。時間外なので遠慮もあったのですが、私から状況を聞かれたうえで、「夕方になるけれども行きます」との返事をいただき、母への対応をしてくださいました。後日、新人の訪問看護師を連れてこられたときに、そのときの話が出ました。

M氏は新人に「家族の人が、土曜日の午後に電話をして来られるのはどういうことなのか、その気持ちをわからないといけない」と話されていました。母の体調が悪くなるのは、なぜか休日になる前のことが多く、急変したらどうしようかと気になりますが、迷惑をかけるのではとの思いで、連絡をとることを遠慮しがちになります。私たちの気持ちをここまでわかっておられる様子を知って、本当にありがたく思いました。

Oマッサージ師が母の往診に入られたころ、「高齢者の在宅介護では、患者の治療はもちろんのことだが、世話をしている人をしっかり支えないといけない」と私に話されました。その言葉どおり、母の治療とともに私や妻のことも気にかけ、ときには治療もしてくださいました。その後、施設で働いておられるケアマネジャーや介護士・配食サービスの人たちを対象に、マッサージのボランティアを始められ、体をほぐすとともに、悩みの相談にものられました。本当に、頭の下がる思いです。

母の介護では、このようないい人たちに守られ支えられて、いい形で介護ができたのだと思います。

3　いい人が増えてほしい

母の介護は、措置制度のときに始まり、やがて介護保険制度に移行しました。この間に、立派な施設も増え、グループホームなどの新しい施設も出現し、介護の方法や介護用品にも改良が加えられ、福祉関係の従事者の数も増えてきています。すべてが良くなるように変更がなされていると思います。しかし、現実には良くなるはずの状況が、そうはなっていない事例も多く見受けます。お金を払えば、立派な施設への入所が可能かもしれません。しかし、そこでいい介護がなされる保証はありません。

在宅介護では、今困っていることをどうしたらいいのかという切羽詰った場面ばかりに出合います。制度も大切で、お金も必要だとは思いますが、困っていることにどのように対応するのか、困っている人にどのように接するのか、そのような気持ちをしっかり持っておられる方の存在が一番大きいのではないかと思います。

母の介護では、いい人が集まりいいチームワークが生まれていました。このチームワークは、この輪の中で活動する介護者にも大きな力を与えました。ホームヘルパーさんの事例を紹介します。

ベテランのAさんは「ここへ入ったら、一生懸命にやらんといかんような気になります」と話されました。母の介護現場は、そのような雰囲気を持っていたのだと思います。できることは何でもやってみようとの雰囲気があり、それぞれの方が力を存分に発揮されたのだと思います。そのホームヘルパーさんは「経験のないビニール浴の介助がしたい」と自ら希望され、交代されるときには「みよさんの世話をさせてもらって、本当に成長させていただいた」と感謝の言葉を残されました。その他にも、多くのホームヘルパーさんが母の介護を経験し、他の介護メンバーと交流する中で、自分が成長できたとの実感を持たれ、感謝の言葉を残されました。彼女たちの多くは、その後も他の介護の現場で活躍され、いろいろな組織でも中心的に活躍されています。そのような様子を聞き、母の介護が福祉の場で役に立てているとの感を深くし、嬉しく思っています。

それから、いい人ということでもうひとつ思うことがあります。いい人は、それぞれにいい人の輪を持たれています。自分にできることと、そうでないことを理解し、それぞれの力を活かし、総合力を発揮されます。このような人の輪の大切さも知ることができました。

介護が終わり、看護学生さんを相手に話をする機会がありました。母に行われていた介護の様子をビデオで鑑賞し、その後私の体験談を聞いた多くの学生さんから、感想文を受け取りました。その中のひとつを紹介します。

『……………。私は、大学に入学してからレポートや課題に追われる中で、気持ちに余裕を持つことができなくなっていました。そして、このころでは、自分がなぜ看護師を目指したのかということすら、見失っていました。「人の支えになりたい、苦しんでいる人の身体や心を癒せる人になりたい」、そう思っていたのに、「知識がなければ人を救えない。試験に落ちては進級できない」と、自分を追い立てるように勉強に励んでいました。ですが、今日の講義で「今その人が苦しんでいる。今その人が困っている。だから自分は、その人にしてあげられることを精一杯するのだ」ということに心を打たれました。そして、その中で得られた成果が原動力となって前に進めるのだということも学びました。看護のやりがいは、こういうところにあるのだということ、だから私は看護師を目指し、この大学に入ったのだということに、改めて気付くことができました。……………実践されてきた質の高いケアを思い出し、相手の状況を知ること、相手の立場に立つこと、人間関係を大切にすることを忘れないようにしたいと思います。また、仕事の忙しさに流されて、マニュアル本のような看護師になってしまわないように、人間味のある看護師でいたいと思います。……』

いい人が集って実践されていた介護の様子を知ることで、新たないい人が生まれます。

4　150%以上の負荷がかかると人は優しくなれない

人にはそれぞれその人の能力があります。これを極端に超える負荷がかかると、多かれ少なかれイライラします。目が釣りあがり、それまでの性格から考えられないような言葉が出たり、他人につらく当たったりします。あんなに優しかった人が、人に対して優しく接することができなくなります。それと、あまりに忙しく心に余裕がなくなると、ストレスが嵩じて心が痛んでしまいます。

私の経験でも、介護の初期は様子がわからず、ストレスも多くいつもイライラしていました。妻が介護に行っていたときも、同じようなことが起こっていました。もともと人に優しい性格を持っている弟についても、はじめのころの優しさが徐々に影をひそめ、だんだんイライラすることが多くなり、同じようにイライラが多くなった私との取っ組み合いも何度か経験しました。介護が長引くにつれ、ますますその傾向は強くなっていったと思います。

このような状態では、介護を受ける人に対してやさしく接することができず、いい介護はできません。ましてや、介護を楽しむことはとてもできません。介護者にかかる大きな負荷に対して、介護者自身の努力も必要ですが、真只中にいる介護者にはその様子がわかりにくいものです。できることなら、周りにいる人たちが介護者のストレスを見守り、その人の支えになることができれば、大きな力になることができると思います。

5　介護が生活のすべてにならないように

介護は大変だとの意識はあっても、自分の身に振りかかっていないときは、どこか他人事のように感じていました。しかし、実際に、自分が介護の当事者になってみると様子は一変します。他人のことだと冷静に判断できていたものが、わけがわからない状態になってしまいます。毎日するべきことが多く、次々に対応しなければならないことが出てきて、それだけで目一杯になってしまいます。介護者は介護に振りまわされる日々を送ります。

私の場合は、きょうだいを含めて5人で手分けをしていましたので、ある程度介護から距離を置くことができていました。弟も、すぐそばに母がおり、きょうだいが通ってくることで、気持ちが休まらない毎日ではなかったかと思いますが、ショートステイや枚方（私の家）への宿泊などを設定して、何とか対応していました。気の休まらない日が毎日休みなく続くとしたら、誰でもイライラが募り、おそらく煮詰まってしまっていただろうと思います。

この対応には、個人的な対応も必要ですが、周りの協力を受けることも必要ではないかと思います。ホームヘルパーさんの訪問を、素直に受けられない気持ちでいた私の妻も、やがて「来てもらったお陰で、やってこられた」と話すようになりました。

介護が生活のすべてと言う状態でなく、気持ちの余裕を持って介護に当たることができる状況を作ることが大切です

6　決められたことをするだけではいい介護はできない

安定した状態のときは、介護の内容も安定します。同じことをくり返していると、何も考えず、惰性で同じ作業をしてしまいがちです。介護をする相手は人間ですから、調子の良いときも、優れないときもありますが、良くないときにいつもと同じ作業をしていると、本人にとって、負荷の大きい介護になってしまいます。これでは、いい介護とはいえません。母

のように自分で状況を伝えられない場合には、常に表情を読み取り、体調に合った介護をすることが必要です。

また、同じことのくり返しのなかでは、介護者はやっていることに対して意義を見つけにくく、やらされているという気持ちになりがちで、つらい作業に感じてしまいます。母の介護では、今より少しでも気持ちよく過ごしてもらうために、いい方法はないかと考え、他のメンバーと話し合い工夫しながらの毎日でした。そして、結果が良い方向に向かい、みんなとともに喜ぶことで、楽しむことができたのではないかと思います。

ある日、訪問看護師のチェックで母の様子が優れないので、しばらく体調を見守ることになりました。ホームヘルパーさんはその日のケアを行うための準備を進められていたのですが、その日はすることがなくなってしまいました。介護業務を始めて間がなかったそのホームヘルパーさんは、看護師の様子を見ながら、長時間ずっと母の手を握り暖めておられました。後で聞いたのですが「私には何もできることがなかったので、元気になってほしいという気持ちで手を握っていました。それしかできませんでした」とのことでした。私たちは、彼女の母に対する思いを感じ、それまで話すことも少なかった彼女に、信頼を寄せるようになりました。

訪問看護師やホームヘルパーさんの中には、決められたケアをきちっと早く済ますことに一生懸命で、ただ黙々と作業される方もおられます。経験が少ない方で余裕がない場合にはしかたがないかも知れませんが、経験豊富な方にもこのような方がおられます。このような人の場合、訪問されても、こちらから話をする雰囲気にもなりませんし、楽しい雰囲気にはなりません。

7　もがいている自分を、第三者の目で見る

「何でも楽しむ、いつでも楽しむ」ことは、生活をするうえで、私がいつも心がけていることでした。そんなこともあって、介護も楽しもうと考えていた私が、介護期間を通じて気をつけていたことは、大変さに流されないようにすることでした。しかし、実際に介護を始めてみて、このままでは自分がつぶれてしまうのではないかと思うほど、次々に難題が押し寄せてきました。流れにもまれてしまうと自分が見えなくなります。他人のことなら、ああすればいいのにとか、このほうが良いと冷静な判断ができるのですが、自分のことだとうまくいきません。

自分を冷静に見つめるために私が意識していたことは、もがき流されそうになっている自分を、第三者の目で見ることでした。このままでいいんだろうか、もっと別の方法はないか、

この作業は必要があるんだろうか、もっと楽になる方法はないだろうかと意識することは、特別な時間やお金のかからないことなので、結構、私のお気に入りで楽しみのもとでもありました。

8　介護者を支えることの重大さ

在宅介護では、家族介護者が、看護師やホームヘルパーが行うような作業を24時間行います。家族介護者は、医療や看護・介護に関する知識や経験も乏しい場合がほとんどです。家族の一員を寝たきりや認知症にしてしまったのではないかとの懸念を持ち、後ろめたさを感じながら、毎日膨大な作業を続けています。特に、寝たきりになってからは、胃ろうでの栄養補給・床ずれ部の処置・吸入や吸引・発熱時の抗生剤や坐薬の投与、その他多くのことを家族介護者が行います。Oマッサージ師が言われていたように「介護をしている人をしっかり支えること」が大変重要になります。

母の介護では、多くの人が家族介護者を体力的にも精神的にも支えていただきました。世間で起きている悲劇のほとんどは、家族介護者が孤立し追い詰められての結果であることが多いと思います。利用者への支援とともに、家族介護者への支援の充実が、在宅介護をいいものに、そして楽しめるものにする大きなポイントではないかと思います。

9　介護を経験して私が得た大切なもの

長い介護体験を通じて、大変だったけれども本当に大切なものを多く得ることができました。久しぶりに出かけた同窓会で「浅野さん、優しくなったね」と声をかけられたこと、今も続くいい人との出会いとつながりができたこと、高齢になって「母の介護の様子を情報として提供する」という自分がするべきことが見つかったこと、京都の散策や写真撮影などの打ち込める趣味ができたことなど数え上げればきりがありません。そして、何より大きかったものは、別次元の充実感や喜びを得たことでした。大変だと思われる状況で、できることを精一杯やってみるという気持ちで始めた介護生活で、多くの人の力を得て、困難な課題にも取り組み、チームとしてひとつひとつを乗り越えたときに、大きな喜びを得ていました。また、これまでになかった介護方法も生み出され、これからの介護現場に役立つであろうことも実感できました。

障害者や重度障害者のように、「世の中の役に立てない（と思われる）人は生きている価値がない」との考え方が一部に表面化している現在でもありますが、母の介護を通じて私が得た充実感や喜びは、母がいてくれたから得られたものであること、介護をして母の役に立っていたと思っていたのに、振り返ってみると母が私にいろいろなことを与えてくれていたのだということに改めて気づくことができました。

この経験は、介護を経験しなければ決して得られなかったことだと思います。きっと、これから生きていくうえでの糧（かて）になることと思います。

おわりに

母の介護を経験したことで、世の中の情報から得られる状況とは異なった時間を過ごしました。長く貴重な介護生活を続ける中で、福祉関係に何がしかの恩返しをしたいと思うようになりました。ボランティアとして介護現場にも入り、介護に関する相談を受け、看護学生さんを始めとして色々な福祉関係者を対象に話をする機会も持ってきました。これらの活動を通じて多くの現場を知り、母の介護の様子は、介護を受ける人と共に介護をする人にとっても、先進的なものだったと感じるとともに、在宅介護がこれから進むべき道を示唆している理想的な現場であったことを思い知りました。これらは、母の介護に関わっていただいた多くの人の知恵や努力によって作り上げられたものです。

そこには、「人を大切にする思い」がありました。そして、人が人として大切にされていました。介護を始める前に抱いていた介護へのイメージとは違った介護現場の様子がありました。現在、介護の現場では、大変な思いをされている人が多くおられます。どうしようもなくなった末の介護自殺や介護殺人も報道されます。日本の介護を取り巻く状況は、今のままでは、今後ますます大変な状況になって行くことが予想されます。多くの人が自分の行く末を心配している現実があります。何とかしなければならない切実な状況だと思います。

本書では、困難な状況を改善するためのヒントになればとの思いで、母の在宅介護で行われていた実際の介護の方法をもとに、その具体的な方法や内容を紹介しました。

ここに示した介護についての考え方や、現場からの情報が、在宅以外の介護現場でも広く活用され、介護を受ける人と介護をする人が共に素敵な生活を送れるよう、力になれればこんなに嬉しいことはありません。

在宅介護が特別なこととして受け取られることが減少し、出生・入学・就職・結婚・出産・子育てなどの人生の他のエポックと同じようなこととして受け入れられるようになれば、介護に対する思いも改善されるのではないかと願っています。

今回の出版に当たり、実に多くの方の協力を得ました。私には、書籍にする目的で文章を書くという経験がありませんでした。初めに書いたまじめすぎる論文のような体験談、これを改良し自費出版をしたもの、さらに別の観点から記述したものなどを経て今回の出版に至りました。この間、母の介護でお世話になった『チーム３４３』（チームみよさん）のメンバーには、つたない文章の一字一句の校正なども含めて本当にお世話をかけました。

途中、ある程度形になった段階で出版関係の方に連絡を取ったのですが、ほとんどの所では素人が書いた介護体験談など検討の対象にも取り上げてもらえませんでした。このような状況のなか、私の思いを受け止め、改善すべき点をズバッと指摘していただき、暖かく見守っていただいたのが株式会社法研の岡日出夫さんでした。岡さんのアドバイスをよりどころに、何とか母が受けていた介護の様子を世の中に情報として伝えたいとの思いを継続し、出版への道筋をつけることができました。具体化に当たっては株式会社耕事務所の鳥海芳樹さんの的確なアドバイスを得て、私の思いが伝えられるものに仕上げていただきました。夢のような思いが実現できました。おふたりをはじめとして、関わっていただいた方々に心より感謝の意を伝えたいと思います。

母の介護でお世話になった、『チーム343』のメンバーである、礒田次雄様（主治医）[※]、松井敏子様（訪問看護師）、小倉勇様（マッサージ師）、上野範子様（看護短大の先生）、谷垣静子様（看護短大の先生）や京都福祉サービス協会（訪問介護者派遣）の多くのホームヘルパーさんや関係者、また母の親戚や近所の方々には、大変な状況にもかかわらず、長きにわたり本当にお世話になりました。この場をお借りして御礼申し上げます。

（※（　）内は、在宅介護継続時期のもの）

最後に、体調不良を経験した後も、脳腫瘍という大変な病気を経験してからも、私がこころおきなく介護やその後の活動に取り組む環境を作り支えてくれた妻に感謝するとともに、認知症になっても寝たきりになっても亡くなってからも、私を育て続けてくれた母（美代さん）に最大の謝意を表したいと思います。

2019年4月

著者

〈監修者より〉

介護職をめざす人にぜひ読んでいただきたい一冊

家族の介護を担っていた団塊の世代が、高齢化を迎え、介護を受ける立場に変わりました。一方介護を担う世代の人口は減少し、介護の現場はますます過酷な状況になりつつあります。介護保険が医療保険と共に国家財政を圧迫しているという現状では、介護に対する政策面での改善は早急には期待できず、また介護の現場では介護職の就業環境の悪化により離職者も多いうえ、新規就業希望者の増加や定着も見込めない状況になっています。介護専門職の不足は、現在就業中の介護職員の労働環境をさらに悪化させ、日々の仕事だけで疲弊を招き、勤労意欲の低下や提供するサービスの質の劣化が危惧されるようになりました。

国が推進する在宅での療養政策により、在宅介護へ移行する家族数は増加しています。また急性期医療の後に不可逆的に起こる日常身体活動能力の低下や、意識レベルの低下により重度の介護が必要になったときにも、自宅で過ごしたい人・過ごさせてあげたいと希望する家族は、今後も増加すると推測され、介護サービスの需要の増加と供給における不均衡が、今後ますます大きくなると考えられます。

●家族の負担を減らした手法

著者の浅野さんは、ご自宅でお母様を14年の長きにわたり介護されました。介護に携われた早期に、専門の介護職員から介護の知識を教授され、介護手技の指導を受け、在宅介護のキーパーソンとして経験を積まれました。その後ホームヘルパーの資格を取得され、介護職員として介護の現場を更に広く体験されました。

初めて介護をする立場になられたときに、素晴らしい介護職員と出会われ、大きな支えを得られたことが、浅野さんが長期にわたる在宅介護を成し遂げられた大きな要因ではないかと思います。チームのメンバーはマッサージ師の先生をはじめ優秀な方たちばかりでしたが、特に訪問看護師の介護に対する姿勢、介護手技・処置に対しての豊富な知識と、彼女から提供される新しい情報は当時の私には驚きでした。浅野さんが経験された素晴らしい介護職員との出会いは、求めて叶うものではありません。すべての介護を必要とする人・介護をする家族が、少しでも安心して満足できるサービスを受けるためには、過酷な労働環境にある介護職員といえども、介護を受ける側にたった視点を持ち、提供するサービスを改善していく気持ちを持つことが必要だと感じました。

浅野さんは機械系の設計士で、効率的・合理的ということを判断の基準にして仕事をしてこられました。そのような考え方と、日々の介助の内容を詳細に記録に残すという几帳面で学究的な性格、そして粘り強く前向きな性格が介護チームという組織を作り上げ、長期の過酷な家庭介護を成し遂げる原動力となったと思われます。

多忙な仕事の合間に介護についての思考を巡らし、①介護の現状をしっかり見つめ直す、②介護に対する考え方を見直す、③人を人として大切にする介護を目指す、という従来の介護の現場では見られない斬新な目標を定めて実践されました。その観点から、日々の大変な在宅介護を行いながらも、バイタルサインの記録以外に、介護の具体的な内容、所要時間、その結果や問題点、改良すべき点を記録し、それらを「介護マニュアル」として整理、蓄積していかれました。それらは介護チームのメンバーに配信されたので、情報をリアルタイムに共有することができ、チームとして統一された意思のもとに介護を行い、その結果をさらに追加し、評価が加えられていきました。

また専門職の方を外部から招聘した「チーム３４３」という勉強会が組織され、それらのデータを基にして介護全般について勉強・討議を重ね、介護の知識を深めていかれました。自らの経験によるデータを基に、介護の現場で受ける介護サービス・処置について、従来のやり方についての根拠を整理しながら観察されていたことが、それまでの効率一辺倒の介護・介助では想いつかなかった新しい方法を考案され、改良をもたらしたと思われます。

介護の現場では、提供されるサービスを受けられるのは限られた時間で、ほとんどの生活時間は家族介護者が担当することになります。論理的・合理的で効率が良いと考えられていた従来からの介護・介助が、介護を受ける人や家族介護者からみると当てはまらない場合もあります。在宅介護で最も家族の負担が大きいと考えられる排便介助・排尿誘導については、訪問看護師から指導された知識や手技・マッサージ師の手技に、浅野さんのインスピレーション・工夫を加えて、家族の負担を減らすための新たな方法が考案されました。

便秘の状態を一時的に解消させるため、介護職が短時間で成果が得られる方法（下剤・浣腸・摘便）が通常は行われ、排尿誘導は尿カテーテルもしくはおむつの使用が行われます。いずれも生理現象を人為的、強制的に管理する方法のため、介護される人にとっては身体的、精神的に負担がかかります。また家族介護者にとっても、一人で長時間介助を行うことで、身体的・精神的疲労が蓄積し、夜間の介護による睡眠不足も加わり負担が増し疲弊を招きます。本来の生理的な排便・排尿のメカニズムを賦活（ふかつ）して誘導する方法で管理できれば、従来の排便介助（下剤の使用・浣腸）のあとの家族介護者の精神的・身体的負担は大きく軽減され、夜間の作業がなくなることにより睡眠時間の確保も可能となります。介護される側にとっても生理現象に近いため、痛みや不快感が少なく、おむつを外すことが可能となり、人に優しい手法だといえます。

入浴の方法としてのビニール浴・保清の方法としての蒸しタオル清拭・褥瘡予防・治療の過程のブレスエアーの使用と体位交換・肺炎予防のためのタッピングの手技・吸引作業の実際など、実体験からさまざまな介助の手技・方法についても改良が加えられました。本書ではそれらの介助・手技について、現場で利用しやすいよう具体的に詳細に表示されていますので、参考にされると良いのではないでしょうか。

家族介護者へは、身体的な負担の軽減を図る支援以外にも、精神的な支援が必要です。介護の開始初期からの不安、長期化してからの孤独感が、家族介護者を苦しめ、介護を続けるうえでの大きな障害となり、その結果悲惨な結末に至る危険性があります。ご自分の経験から、「心から信頼できる理解者」の存在が不可欠であり、介護職員にその役割が求められると指摘されています。介護する家族への支援が不足しているとの本書の指摘は、家族介護を経験されたからこその問題提起で、介護の現場で共有されることが重要です。

介護のテキストは介護職の専門家が執筆したものがほとんどです。本書は介護職サイドではなく、介護を担った家族がサービスを受けた体験から著された初めてのテキストであり、在宅介護から延命治療、認知症まで広範囲にわたり書かれています。

介護の現場では、ひとりひとりの介護の必要度、介護する側の家庭環境、家族の介護に対する考え方、介護する家族の個人的な資質や体力、携わる介護職員の質などすべてが異なるため、浅野さんが経験され、提唱されている介護を実行することは、困難な場合があると推測されますが、介護の現場を改善するために活用すべきヒントはたくさんあり、各現場に適した活用が望まれます。

家族介護者の経済的負担の大きさも指摘されていますが、公的な支援策はありません。介護で発生する費用については介護保険で賄われますが、介護の必要度に応じて上限が決められています。ビニール浴や蒸しタオル清拭を家族が行うことにより、経済的な負担を減らし介護サービスを有効に利用することが可能になります。

介護をする家族の心理的・身体的な負担についても記載があり、家族が置かれている状況・心理やサービスに対する評価を知るために、すでに介護職に従事されている人・これから介護職に就こうと考えている人には一読をお勧めします。さらに自宅で介護に携わる家族にも、介護の現状、家族介護者への示唆や助言など有用な記述が多くあり、この貴重な情報を活用されることを切に希望いたします。

浅野さんが御自宅でのお母様の介護を終えられてから14年が経ちました。その間に介護の知識、手技についての進化はありましたが、介護保険が始まった当時の現場での活気はなくなり、介護の置かれている社会環境はかえって悪化しているように思われます。これからの介護を担う若い世代は、介護現場の辛い・汚い等の状況から就業を敬遠する傾向があり、いったん就職しても長続きしないのが現状です。そのため介護の現場では慢性的な人手不足から、提供するサービスのさらなる効率化を進めているように思われます。このようなときにこそ、浅野さんの在宅介護の経験からの提言について、もう一度考え直してみる必要があると思います。

本書は浅野さんの介護の経験についての集大成として書かれたものです。介護職員に対する厳しくも愛情にあふれる評価・意見は貴重なものです。今後も家族介護者の立場に立って、介護の現場を見続けていただきたいと思います。

私は浅野さんのお母様が自宅で最期を迎えられるまで11年間主治医を務めました。浅野家の熱意と活気に満ちた介護現場で、素晴らしい介護チームのメンバーとして参加することができ、そこで得た貴重な経験が、介護の面のみならずその後の医療にも役立ったと感謝しております。

2019年4月

監修者（医師）礒田次雄

■著者　浅野洋藏（あさの ようぞう）
1945年京都市生まれ。1968年京都工芸繊維大学を卒業し、松下電器産業に入社。プレス金型の設計に携わる。その後独立し（浅野設計事務所）、設計士をつづける。1990年頃から認知症を患った重度の母親の在宅介護を14年以上つづける。前向きな介護を行いながら、そこから生まれた知恵や工夫が評価され、看護関係の雑誌に紹介されたりしている。介護を終えてからも介護のノウハウを自治体などで講演している。大学の看護部門などで介護体験を話したり、介護者への相談などにも関わっている。

■監修　礒田次雄（いそだ つぎお）
京都第一赤十字病院循環器科を経て、2017年まで礒田内科医院院長。院長当時、著者の母親が自宅で最期を迎えられるまでの11年間主治医を務める。日本内科学会認定医ほか。

編集協力／株式会社耕事務所　カバーデザイン／クリエティブ・コンセプト
本文デザイン／石川妙子　イラスト／山下幸子

「うんこ」が無理なく出る介護

令和元年6月20日　第1刷発行

著　　者　浅野洋藏
発 行 者　東島俊一
発 行 所　株式会社 法 研
東京都中央区銀座1-10-1（〒104-8104）
販売03（3562）7671 ／編集03（3562）7674
http://www.sociohealth.co.jp
印刷・製本　研友社印刷株式会社

0117

小社は㈱法研を核に「SOCIO HEALTH GROUP」を構成し、相互のネットワークにより、“社会保障及び健康に関する情報の社会的価値創造”を事業領域としています。その一環としての小社の出版事業にご注目ください。

ISBN978-4-86513-620-3 C0036　定価はカバーに表示してあります。